财经易文
www.ewinbook.com

Toyota Production System At Work

活学活用丰田生产方式

田　鹏　著

中国财政经济出版社

图书在版编目（CIP）数据

活学活用丰田生产方式/田鹏著．—北京：中国财政经济出版社，2009.5

ISBN 978-7-5095-1564-8

Ⅰ.活…　Ⅱ.田…　Ⅲ.汽车工业—工业企业管理—经验—日本　Ⅳ.F431.364

中国版本图书馆 CIP 数据核字（2009）第 060203 号

中国财政经济出版社出版

URL：http：//www.cfeph.cn

E-mail：webmaster@ewinbook.com

社址：北京海淀区阜成路甲 28 号　邮政编码：100036

发行电话：010-88191017

三河市祥达印装厂印刷　各地新华书店经销

787×1092 毫米　16 开　14 印张　167 千字

2009 年 5 月第 1 版　2009 年 5 月北京第 1 次印刷

定价：26.00 元

ISBN 978-7-5095-1564-8/F·1356

（图书出现印装问题，本社负责调换）

活学活用丰田生产方式

关于作者

20 岁时开始关注丰田公司——因为丰田公司在面临人员工资、土地价格、资源费用、城市基础设施费用等普遍很高的情况下，生产的汽车又便宜又好。

22 岁时大学中退，后赴日学习日语——因为想彻底了解丰田为什么可以做到上述的“不可能”。

24 岁为取得国外研究生资格回国复学，并于 27 岁时终于得到一个机会：接触到并最终从师于上山教授，他对汽车产业很有研究，也有关于丰田生产方式的著述。

在此期间，到长春一汽实习两次、调研两次。因为在那个时期，长春一汽是国内推广丰田生产方式最早、范围最广的企业。

30 岁取得经济学硕士学位后回国，继续从事丰田生产方式的研究和实践。

32 岁时，完成了从人力资源管理的角度对丰田生产方式的诠释。

35 岁时，完成了从思维质量的角度对丰田生产方式的诠释。

37 岁时，完成了从实事求是的角度，也就是从“矛盾论”和“实践论”的角度对丰田生产方式的诠释。

40 岁时，完成专著《活学活用丰田生产方式》。这本书以职场励志类图书的写作风格，用通俗易懂的语言综合阐述了丰田生产方式。

唯一不变的是一直变下去

（代前言）

不是变化　而是激变

如果要用几句话来概括从去年到今年的国内国际形势的变化，我们可以说：用工成本上升、原材料价格猛烈上涨（随着经济形势的变化，部分原材料价格又迅速下降）、股市下跌、金融危机……所有这一切已经不能简单地用“变化”一词来加以描述，而必须用“激变”来形容才更加贴切。

未来充满越来越多不可预知的、不可确定的因素。唯一不变的将是一直变下去，甚至是加速地变化下去，这就要求每一个参与竞争的人，必须要找到一种方法让自己适应变化，并成功地应对变化。

丰田生产方式与变化

丰田生产方式诞生于危机；包括丰田人在内的所有人对于丰田生产方式的认识也是在变化中完成的；丰田生产方式的发展，更是在成功应对各种变化的过程中完成的。

在20世纪，当西方多国的经济因石油危机而出现停滞甚至是衰退的时候，人们发现同样是汽车生产企业的丰田公司，在面对这些危机的时候却表现出了令人惊愕的从容与成功。从那时起，越来越多的国家、越来越多的企业、越来越多的学者开始关注丰田生产方式。

在当今这样一个由变化转向激变的时代背景下，在美国汽车三巨头濒临破产而丰田却仍然健康的背景下，在国内经济高速增长的势头有可能减弱的大背景下，丰田生产方式理应受到更多的关注。

借用美国、法国等国家研究丰田生产方式的学者的话来说就是：如果想在竞争中取胜，如果想更从容地应对不可预知的未来变化，那么学习、推广、超越丰田生产方式，就是必然的选择。

员工的变化需要管理者的变化

面对变化，企业必须以新的变化来应对。

企业的变化最终一定要落实到员工的具体变化上，才能为企业带来切实的经济利益。而要想让员工有所改变，不仅需要管理者提供一系列的要求和帮助，更需要管理者自身首先发生转变。

从国内外众多成功企业的经验和不成功企业的教训中不难发现：没有管理者的变化，包括员工的变化等一切变化，都是不可能实现的。

管理者的变化需要企业“改革”的平台

管理者也是普通人，他们也有自己的习惯，他们改掉旧习惯培养新习惯的过程和其他人一样，也会存在这样或那样的困难，也会有很多的不适应。所以，期待管理者自然而然地完成改变，是完全不切实际的想法。

管理者的变化必须在企业的改革过程中完成，必须在企业对管理者持续提出一系列更新、更高要求的背景下来完成，这就要求企业的领导班子和决策者持续推进改革，也就是首先要建立改革的平台。

所谓改革的平台，就是一种机制，就是企业面对变化的一种态度，就是企业要求所有的成员端正他们对于问题的认识。

这样的平台不仅创造了管理者变化的必要条件，同时也创造了一个平等竞争的机会。如果企业的所有成员都必须对进步负责任的话，就一定可以让更多的人关注工作本身、关注问题，就一定可以让更多的人在日常工作中自觉地寻找更有价值的问题，从而使得管理者和管理者之间、管理者和被管理者之间建立起一种良性的互动关系——围绕怎样发现问题和如何解决问题而实现的互动。

企业的改革首先需要变革思维

不论是岗位内小流程的改善，还是整个企业的大流程的改善，也不论是对某一项工作的总结，还是年度对所有企业成员完成的综合测评，所有这一切如果没有变革思维做前提，就都不可能发现其中的问题，当然也就因为不能有效地发现问题，从而使解决问题的努力迷失方向。

因此，与其说企业通过改革去变革思维，不如说企业需要变革思维来规范自己的改革，来规划更符合自己切身利益的改革，而这一切恰恰需要在比较的过程中完成。

没有比较就没有办法发现问题，不同的比较会带来不同的问题。在企业的日常工作中，变革思维同样需要在比较的过程中完成。其中最关键的环节就是“澄清问题”，也就是“与什么标准进行比较”的问题。而丰田生产方式恰恰给出了符合大多数企业发展的最根本利益的答案。

对照丰田生产方式的细节，我们可以完成小的改革；对照丰田生产方式的系统，我们可以规划中长期的改进措施；对照丰田生产方式怎么做、怎么想的思考方式，企业可以彻底扭转不符合自身根本利益的价值观、工作标准。从这个意义来讲，导入丰田生产方式是所有立足生存、谋求发展的企业的共同选择。

丰田生产方式就是变革思维的成功示范

丰田生产方式之所以成功，是因为它成功地破除了一系列思想上的禁锢，确立了符合企业发展的新的评价标准——针对人的评价，针对事情的评价，针对问题的评价……

丰田生产方式创造性地将上述理念转化为一系列具体的工作方法和标准，比如人们耳熟能详的“看板”管理、无库存管理、准时化生产、自动化、标准作业、提案制度、现场管理、问题思维等。能不能从系统的角度准确解读这些基本概念，能不能围绕发现问题和解决问题的需要重构这些基本概念，能不能站在“持续提高思维质量”的高度理解这些基本概念，就决定了最终能不能正确理解、推广、超越丰田生产方式。

学习、推广、超越丰田生产方式

丰田公司的成功为丰田生产方式做出了最有力的诠释。认真学习、努力推广、谋求突破，相信是大多数企业的希望。

本书希望对致力于此的所有人有所帮助。

作者

2009 年 4 月

目　录

第一章

直面危机

第一节　丰田怎么面对危机 …………………………………… 3
第二节　不能仅从管理学的角度研究丰田方式 ……………… 7
第三节　跨部门解决问题 …………………………………… 10
第四节　倡导实事求是就是提振士气 ……………………… 17
第五节　结果与方法 ………………………………………… 22
第六节　是价值观，更是方法论 …………………………… 27

第二章

准确解读基本概念

第一节　管理进步的脚印——看板管理 ……………………… 35
第二节　请先充分暴露问题——无库存管理 ……………… 45
第三节　系统化思考的楷模——准时化生产 ……………… 52
第四节　危机意识与危机管理——自働化 ………………… 59
第五节　管理者的服务意识在哪里——标准作业 ………… 69
第六节　科学发展的“企业魂”——提案制度 …………… 80
第七节　毛泽东思想的演绎——现场管理 ………………… 94
第八节　量化责任感的工具——问题思维 ………………… 102
第九节　系统解读 8 大概念 ………………………………… 108

第三章

只要尝试就有效果

第一节　提高指令的针对性——不做“买履的郑人” … 127

第二节　改进设备——赋予设备人的智慧 …………… 132
第三节　关注操作方法——6 小时的思考超过 6 年的经验 …………………………………………………… 137
第四节　重视会议质量——语言易变，行动更易变 …… 143
第五节　在岗位上思考问题——持续改善流程和作业 … 150
第六节　人事测评——综合对人和对事的评价 ………… 154

第四章

解决具体问题

第一节　为什么有阻力 ……………………………… 163
第二节　自上而下与自下而上 ……………………… 167
第三节　怎么处理“反复” ………………………… 173
第四节　为什么要重视语言 ………………………… 178
第五节　怎样进行系统化的思考 …………………… 182
第六节　重新树立管理者的价值 …………………… 191
第七节　发现问题和解决问题是两件事情 ………… 194

附录：关于丰田生产方式的问答 ……………………… 199

第一章

直面危机

第一节　丰田怎么面对危机
第二节　不能仅从管理学的角度研究丰田方式
第三节　跨部门解决问题
第四节　倡导实事求是就是提振士气
第五节　结果与方法
第六节　是价值观，更是方法论

第一节　丰田怎么面对危机

没有危机就没有丰田方式

开始关注丰田生产方式所创造的奇迹的那一年，我刚刚 20 岁。当我第一次迈出国门去日本留学，近距离观察丰田公司，用自己的方式研究 TPS（Toyota Production System 的缩写，也就是丰田生产方式）的时候，我 22 岁。

在那个刚刚开始研究丰田生产方式的阶段里，给我印象最深的一句话就是："丰田公司的每一个人都有权停下生产线。"当时我的感觉是：这是一句谎言。

随着对丰田生产方式研究的深入，我发现这样的描述是真的——当生产线的一名工人工作出现问题的时候，如果周边的人及其班组不能够帮他瞬间解决这个问题，整个生产线就会停下来，所有的人都会参与到这个问题的解决中。从上述意义上讲，可以认为"每一个人都有权停下生产线"的说法是真实的。另一方面也要看到，对于一个大批量、生产型的企业来说，停止生产线是一种灾难。

那么，允许每一个人都有权停下生产线，就必须设定一系列的条件，而且，在真正要停下生产线之前，必须努力避免"生产线真的停下来"。最后，每一次当生产线真的停下来之后，就必须彻底解决问题，绝不允许因为同样或类似的问题再次停下生产线。

采用这样的生产方式，就是让丰田公司、让丰田公司中的每个人，都必须每天面对危机，其实这就是丰田公司创建 TPS 的目的——通过创建丰田生产方式自然而然形成的一种与危机共存的状态。

诞生于危机

丰田汽车公司诞生于 1933 年，而那个时代正是战争的年代，年轻的男子需要上前线，各种生产所需要的资源，必须首先要服务于战争。

在 1945 年日本战败后，美国最初的对日政策和在中华人民共和国成立后的对日政策是完全不同的。在那个年代，丰田公司还需要面对着政策上的障碍。

再往后，丰田公司因为资金链的断裂而被金融资本分割为丰田汽车工业公司和丰田汽车销售公司……

正是这些危机催生了丰田生产方式！

20 世纪 70 年代，在石油危机的打击下，许多同行和其他公司的经营都面临着严重的威胁，而直到这个时候，丰田生产方式才首次进入了人们的视野——这一次，还是因为危机，使 TPS 脱颖而出。

每次危机都是“试金石”

留学日本的时候，有很多日本人都曾经和我说过这样的话：“小田，你只需要努力，不要去问结果。因为神在天上看着你呢……”每次听到这样的话之后，我都不禁反问：“如果真是这样，是不是每个人只要努力就都会成功呢？”

对方的回答，相信会遭到很多同胞的非议，他们会很严肃地说：“不是，上帝为每一个争取成功的人设置了各种各样的障碍，如果你能翻越这些障碍，你就能取得成功，如果你不能翻越这些障碍，那便是你的宿命！”

现在回想起来，会觉得他们说的也很有道理。其实不论是个人还是企业，乃至民族和国家，每一次的危机和灾难从某种意义上讲都是“试金石”。每一次成功克服困难的经验，都将成为进步的脚印，如果没有这样的过程，也就谈不上进步了。

看一看 TPS 中的“试金石”吧：恰恰是因为劳动力缺乏和素质低下，丰田公司才在 20 世纪 30 年代花大力气培养一线工人；正是因为第二次世界大战结束后的金融困局，才造就了他们对自有资金的重视程度超过绝大多数公司；正是因为同行都纷纷和国外的公司合资，引进技术和管理，而丰田没有选择合资合作，所以才逼迫他们必须走出自己的一条路……

危机之所以能够成为“试金石”，用丰田人的话说就是：“人不遭遇困难的时候，是无法产生智慧的！”让自己面对更多的危机，让自己面对更严重的危机，其实就是让自己有机会催生更大的、更有价值的智慧！

从这个角度讲，正是改变了自己对待危机的态度，才最终造就了丰田公司今天的辉煌。同时，我们也应看到“危机本身的两面性”：在同样的危机面前，不同的人、不同的公司有着不一样的表现——石油危机让丰田生产方式享誉全球，而这一次金融危机则让丰田公司在几十年来首次亏损的情况下，成为世界汽车业的“老大”。

每一天都面对危机

应对危机最好的办法，就是让自己每天都面对危机。其实这里面所蕴含的，恰恰就是中国很久以来的哲学思想——生于忧患，死于安乐。当人们看不到危机，以为危机离自己很远的时候，其实恰恰是最危险的时候。

不论是个人还是企业，让自己每一天都面对危机，就是让自己选择更加积极的人生态度，就是让自己选择认真地面对每一次挑战。这也恰恰是中国改革30年的经验带给大多数人的结论——改革要面对困难，而不改革要面对的是被淘汰。

丰田公司恰恰是把这样一种最朴素的哲学贯穿到了每一天的工作中，把这些最简单的道理，贯穿到了每一项工作中。通过这些努力，丰田公司让每一位员工都知道：危机其实是思考的向导，是证明自己的机会——每一次通过努力战胜了危机，就都意味着自己实现了又一次进步和跨越。

丰田方式就是“与问题共舞”的方式

如果我们提出“有谁需要获得更多的财富”这一问题，相信所有的人都会举起手说：“我需要。”如果我们再问“有谁需要更多的问题”，估计所有人都不会举手。

但是想一想，不论大成功还是小成功，有没有可能在不解决问题的情况下就可以获得呢？答案显然是否定的。不论是个人还是企业，有没有这样一种情况：不用解决问题的成果，就能证明自己的进步和成功？答案显然还是否定的。

正是因为这样的原因，丰田公司要求不同层面上的管理者和员工必须要与问题为伍。在他们看来，出现问题并不是某一个人或某一个部门的事情。所以，当他们面对问题的时候，更多的是感受到机会。他们把问题看成一种命令——让所有的人贡献智慧，并从根本上解决该问题的命令。

也恰恰是这样一种文化，使得人们更习惯面对挑战，并因为每天都需要和问题为伍，从而培养出积极思考的习惯，而这样一种令全球羡慕的精神和文化，最终造就了丰田一次又一次的辉煌。

第二节 不能仅从管理学的角度研究丰田方式

在日立和索尼中间

日立公司成立于1910年，丰田汽车公司成立于1937年，而索尼公司成立于1946年。丰田汽车公司脱胎于丰田织机公司，丰田织机成立于1926年。

日立公司比丰田汽车公司历史更悠久，而索尼公司比丰田汽车公司更年轻，它们都是享誉全球的一流公司，但是，学者们对于这两家公司管理模式的研究远不及对丰田模式的研究，这是为什么呢?

只要认真地思考这个问题，我们就会明白，在研究丰田生产方式的时候，不能仅仅从日本文化中寻找答案，还必须从丰田的特殊背景中寻找答案——毕竟日立公司和索尼公司同样都根植于日本文化的土壤。

研究同在“日本文化背景下”的丰田与日立和索尼有着哪些比较大的不同，甚至研究丰田家族在丰田发展过程中的作用。显然，这已经超越了管理学的范畴。

家族背景引发的深层次思考

在关注丰田生产方式的时候，其实我们还可以联想到另一家日本企业——金刚公司，它成立于公元578年，有着1400多年的历史。公元578年正是唐朝之前的“南北朝”时期。

金刚公司和丰田公司，一家是历史最悠久的公司，一家是被世界研究最多的公司。两家公司都有着非常浓重的家族背景——

虽然从法律意义上讲，丰田家族所拥有的丰田汽车的股权微乎其微，完全不构成决定权，然而当我们看到丰田的孙子出任丰田公司新总裁时丰田员工的表现、日本社会的表现，乃至全球给予的关注，我们就能看到丰田家族对于丰田汽车公司的影响力。

这样的影响力可以追溯到丰田汽车公司创始人丰田喜一郎的悲剧人生；可以追溯到他的父亲丰田佐吉所建立的丰田织机公司；可以追溯到丰田佐吉的父亲丰田伊吉的性格和价值观……

在第二次世界大战结束后，面对发不出工资的困境，丰田汽车的创始人丰田喜一郎选择了用自己的隐退来承担无法履行诺言的责任。在最困难的时候，他甚至利用自家养的泥鳅和儿子外出打回的鱼等实物来发放工资……

从这样一些记忆的碎片中，我们完全可以看出丰田家族为什么对丰田公司至今仍有着极其深层次的影响。遗憾的是，这些内容，因为难以列入传统的管理学范畴，所以就被很多研究者忽略了。

关键人物都不“专攻管理”

在日语中，“专攻管理”的意思是在大学接受教育的时候是学管理专业的。

丰田佐吉充其量是小学毕业，其子丰田喜一郎是学机械的，丰田生产方式的重要创始人之一大野耐一，以及其后的丰田英二、丰田章一郎等对于丰田公司和丰田生产方式至关重要的一系列人物，都不是“学管理专业”的。

恰恰是这样一群并不是专门学习管理学的人，创造了管理学的奇迹——不论是从理论层面还是从实践层面，TPS 都堪称是奇迹，具有深远的影响。所以在研究丰田生产方式的时候，只是从管理学的角度去研究，很有可能因为误入歧途而找不到答案。

英文版图书的影响

欧美管理与日式管理有很大的不同。但是，国内出版的关于丰田生产方式的引进版图书中，相当多的一部分来自“英文版图书”，也就是西方解读 TPS 的成果。

看一看这次经济危机吧。曾经领导世界汽车业的美国三大汽车厂的表现，已经雄辩地证明了它们没有学好 TPS。

在与国内一些关注、研究丰田生产方式的学者和专家互动的过程中，我发现会日语并能够用日语阅读日本原著、用日语思考的老师，比例并不是很高。

误解 TPS 的原因很多，如果罗列一些学者的观点，可以有：我们国家的管理实践还不够，我们的民族性格有自己的特色等。但是不可否认的是，在介绍丰田生产方式的图书中，日文版的过少，研究者中能够用日语阅读原著、用日语思考的老师比例并不很高，这非常值得关注。

如果继续通过欧美学者的视角来看丰田，我们还是会因为缺乏直接透过日本文化、用日语来直接解读丰田，从而继续我们已经有的误解。所以，要更全面地理解丰田生产方式，就不能再“绕道西方”。

其实，“绕道西方”也是一种历史的必然。在改革开放之初，大多数学者首先接触的是西方管理学，在研究的过程中能够获得的资料基本上源自西方，因此会在有意无意之间受到其影响。同时，在语言方面也存在一定的障碍。毕竟，要求已经功成名就的学者为 TPS 而学习日语，有些不切实际。

如果希望对于 TPS 的研究能够还原一个真实的丰田，能够服务于国内企业的管理进步，能够减少一些低级的误解，企业层面和学者层面的反思或许是必要条件之一。

第三节　跨部门解决问题

为什么强调“跨部门解决问题”

解决问题不容易，跨部门解决问题就更不容易。另一方面，很多问题之所以不好解决，原因就在于“牵扯到多个部门”。

中国革命史中有一个词，叫“边区”，意思是在几个省交界的地方，各省的军阀会对共同消灭红军“心存芥蒂”，这就为红军创造出了“生存空间”。

很多问题其实也在制造自己的“边区”：

- 通过跨部门，增加解决问题的难度。
- 通过与其他问题纠缠到一起，进一步增加解决问题的难度。

因此，就需要跨部门解决问题，跨越原有的界定问题的标准解决问题。比较典型的例子就是成本与品质的关系。很多时候，“成本中心”（或是一个部门，还是一种评价指标）不管品质的事情；“质量中心”（或是一个部门，还是一种评价指标）不管成本的事情，其结果就是压缩成本的时候，会听到“这样会影响品质”，而在控制品质的时候，又会听到“这样会增加成本”。

而实际情况呢？生产一个产品的过程就是那么个过程——形成品质的过程也就是付出成本的过程，也就是说，一旦产品加工完成了，与之对应的成本和品质就不会改变了。在这个过程中，划分出成本中心和质量中心，到底是服务于管理还是服务于产品的加工过程呢？借用一个比较普遍的现象，可能会帮助读者产生更直接的联想——

> 企业有很多的制度，有多少放在办公室里，又有多少放在了现场？企业有很多的流程和操作规范，有多少被理解和落实，又有多少甚至难以被操作者读懂呢？

攻关小组（不同的组建方式导致不同的结果）

攻关小组不同于传统意义上的 QC 小组，攻关小组的工作范围不仅仅局限于“质量”。不论是攻关小组还是质量小组，其不同的组建方式将导致不同的结果。

企业经营管理的效果，必须体现在具体的产品和服务之中。具体讲就是：需要在成本、品质、交货期等一些基础指标上持续改善，才能为企业创造出利润空间。为此就需要不断地发现和解决问题。在这个过程中，建立攻关小组是一个不错的选择。

所谓攻关小组，其实很像战争年代中“支部建在连队上”的基本制度。“支部建在连队上”的基本制度保证了党对军队的绝对领导，而通过攻关小组的工作，可以保证问题被完整地记录，甚至在问题出现的时候就有与之对应的“专家”出现在现场。组建攻关小组，就是让一群有责任感、有能力的人站在发现和解决问题的第一线，同时，通过“攻关小组”这种形式，也可以让问题成为一种行动的命令：相互启发、共同努力的命令。

20 世纪 80 年代以来，关于 QC 以及 QC 小组的理论和实践在我国层出不穷，然而却很难取得预期的效果。究其原因，就是不能使攻关小组的具体工作和努力跨越行政区域、跨越部门界限。如果在面对问题、重组必要的资源或者是在解决问题的过程中，不能够跨越原有的职能和部门，就很难取得预期的效果——这是由很多问题的性质所决定的。

职能化管理的弊端

所谓“职能化管理”，就是设定一系列领域，比如成本、品质、交货期等，之后设立与之对应的部门或者岗位，并定义出令人眼花缭乱的“管理”——成本管理、品质管理、交货期管理……

遗憾的是，越来越多的企业希望通过丰富“管理”的项目来提高管理的效益。比如，想压缩成本就组建“成本中心”来进行成本管理；想提高质量就组建“品质中心”来进行品质管理；想保证交货就组建“计划中心”来进行交货期管理……

自然而然地，在绝大多数企业中，成本核算中心不负责品质，品质管理部门不涉及成本控制，而交货期只是生产计划部门和业务部门所关注的。

然而，必须记住的是：当企业最终将具体的产品和服务交到客户手中的时候，成本、品质、交货期是在同一时间表现出来的！所以，为方便管理而将成本、品质、交货期等经营要素按照职能划分，并分别进行管理，在实际运作中的弊端是非常明显的。

稍加观察就可以发现，一半以上的交货期延迟，都直接或间接地源自品质问题——原材料的品质、加工的品质等；另一方面，我们还可以看到，因为品质有瑕疵，因为需要更高比例以及更多次的检测，因为需要返修在制品中不合格的部分……所以也就造成了一定程度的成本上升。换句话说，如果能够真正抓住品质，真正从交货期和成本等多个角度去改善品质方面的问题，就可以取得一石多鸟的效果。

两次创造

对比丰田生产方式的一些做法，很多企业在加强品质管理方面，需要从转变观念开始，才能全面提升品质管理工作的实际效果。

其实，品质的概念不能仅仅局限于有形产品，或者单指在制品的品质。这是因为，有形产品的品质，源自与此对应的有形工作的品质；这一系列有形工作的品质，源自于一系列在前期已经完成的设计和指标设定等工作；而所有这一切的品质又取决于人们思维的品质。这也就是为什么优秀的企业会首先认识到“高品质的产品必须由高品质的人来制造”的原因。

任何一件产品和服务的创造过程，都可以被看成是“两次创造”：第一次是在头脑思索的过程中完成的创造；第二次则是将头脑中所思考的，通过行动、加工等一系列的努力，最终体现为有形的产品和服务。从这个意义上讲，突破单纯产品范畴的品质管理，将其延伸到工作的品质，乃至思维品质的层面，用系统和辩证的方法加以梳理和完善，企业必将收获超出想象的成果。

交货期是流程和操作的考题

每一项工作都必须在规定的时间里完成，而且必须有一系列客观的指标来评价每一项工作的成果。从这个角度讲，能不能按时交货，实际上也就成为了针对流程和操作持续提出越来越精确的要求的过程，而具体的努力过程其实也就是不断压缩交货期的过程。

从这个意义上讲，如果出现经常性延误的现象，也就是不能确保交货期的话，就意味着需要从流程的角度重新思考一系列的管理问题。任何持续改善流程的努力过程，实际上也都需要和持续调整操作内容的努力相配合，才有可能取得理想的效果。

当然，如果在短时间内不能够针对流程提出更加有针对性的、体系化的改善方案的话，持续针对某几项具体的操作加以完善，也不失为一种好的选择。因为当一系列具体的操作内容和方法得到改善之后，人们发现，解决流程层面问题的能力以及设计更加科学的流程的能力也将得到大幅度的提高。

综上所述，其实更应该将交货期看成是一种标尺，看成是一种检验流程和操作是否科学、是否精确的标尺——当“交货期出现问题”的时候，一定不是标尺的问题，而是被测量的流程和操作层面出现了问题。因此，一切表现在交货期上的问题，如果不从流程和操作层面找原因，那么一定无法从根本上解决问题：所有所谓解决问题的努力，充其量也只能是通过某些人个人的努力，像救火队一样“跟踪”、“催促”、“施压”，甚至是“求助”、“拉个人关系”、“违反某些规定”……

必须承认，要从根本上解决交货期的问题，需要涉及很多的领域，甚至其中有很多是涉及“企业外”的事情。虽然这其中一定有相当多的问题不可能一蹴而就地得到很好的解决，但是只要提出了问题，只要反复思考，就能不断提高对问题的认识。只要持续努力去挖掘“问题背后的真实原因”，那么，获得良好的改善效果就只是时间问题了。

为每一项工作制定压缩成本的目标

成本是海绵里的水，只要持续拧，就会有效果。

遗憾的是，这个已经被丰田公司几十年的实践证明了的真理，在绝大多数国内企业中，当我说出这句话的时候，却总要遭到极大的反对。

这是因为，在反对者看来最有力的依据是，压缩到一定程度后，就要压低原材料的价格。于是他们会说：“我们不能够决定原材料的采购价格，所以你所说的成本可以无限制压缩下去是不正确的。”

怎样讨论“成本是可以持续压缩”这一问题呢？

首先，讨论成本问题的背景是工作——是在加工原材料的过程中讨论成本问题，因此在说“我们不能够决定原材料的采购价格，所以你所说的成本可以无限制压缩下去是不正确的”之前，必须想想：加工过程中的成本压缩了多少？如果不能给出“持续压缩”的成果，就没有理由“用原材料的价格自己无权压缩作为借口，回避自己压缩成本的责任”。

必须认识到，虽然成本是财务管理中的一系列数据，但更是一系列工作方法的“影子”：只要用更好的方法做事，消耗就一定会变得更少，成本就一定会被进一步压缩，这是一个普遍的规律。换句话说，任何人只要努力“减少自己的失误”，他的投入就会更少；任何人只要努力“做得更巧妙”，他的投入就会更少……最终，他做事的成本就会更低。

为每一项工作制定压缩成本的目标，就是要求人们在工作中“减少自己的失误”、“做得更巧妙”……其核心含义并不是平均对待企业中所有的工作，当然更不是平均地“按比例压缩”。

“为每一项工作制定压缩成本的目标”中所说目标，是指为每一项工作不断提出更高标准的要求。对于企业整体压缩成本的目标而言，则需要找到准确的“关键环节”。所谓找到“关键环节”，就是要找出成本构成中矛盾相对突出的领域，之后会同相关的现场人员，并尽可能集中更多的资源，让大家通过贡献智慧而不是简单的体力劳动来解决问题，从而达到压缩成本的目的。

如果企业在压缩成本方面暂时没有更多的成功经验，那么最大限度地“发动群众”，让每一位员工贡献出自己的聪明才智，哪怕是一项非常琐碎的工作，如果可以成功压缩掉其中一部分成本，也可以给其他工作带来启发和借鉴。

所以，企业要求每一位员工针对每一项工作努力压缩成本，与其说需要提出一系列具体的要求，不如说需要首先建立一种文化和信心，因为持续压缩成本的本质是持续改善工作方法。日常工作中所有压缩成本的努力，从某种意义上讲，只是在建立了上述的文化和信心之后，在实践的过程中来验证这个规律。虽然不知道这样的阐述能得到多少人的认同，但可以肯定的是：

- 如果一个人说“我们不能够决定原材料的采购价格，所以你所说的成本可以无限制压缩下去是不正确的”，那么这个人的工作成本就很难压缩。
- 如果一个企业允许员工说“我已经很努力了，成本已经不可能被压缩了”，那么这个企业的成本就很难压缩。

毕竟，丰田公司通过TPS，让所有的员工更勇敢地发现问题，更巧妙地解决问题，而其在压缩成本方面的成果就是在几十年中，每年都成功地压缩了一定比例的成本。

提高品质就是压缩成本

必须承认，直到今天，仍有很多企业认为：提高品质和压缩成本这两个问题难以兼顾。在这些企业看来，提高品质和压缩成本的关系就像坐在跷跷板两端的两个人：提高品质就会增加成本，而持续压缩成本的结果就会影响品质。

当然，这样的想法不仅是错误的，而且是危险的！

正确的认识和做法是：

- 通过提高工作的品质，持续改善产品的品质，而在这个“提高工作品质”的过程中，因为具体操作的精确度、流程的科学性等内容都得到了改善，所以成本也一定被部分地压缩了。
- 通过持续提高指令的针对性，不做错误的事情，不做那些不被需要的事情，使得提高品质和压缩成本的工作同时取得成果。

其实，类似这样的认识和做法也正是丰田生产方式压缩成本的系统方法——通过看板管理，持续提高指令的针对性；通过无库存管理，明确哪些是该做的，哪些是不该做的；通过准时化生产，让流程和操作层面的问题更容易暴露出来……

当然，通过这些努力，在成功压缩成本的同时，还在品质、交货期等诸多方面都可以取得进步。

第四节　倡导实事求是就是提振士气

解决"劳资关系"的钥匙

在最早接触丰田生产方式的时候，我对这样一个评价印象很深刻——通过丰田生产方式，可以有效缓解劳动者与资本家之间的紧张关系。

虽然当时我对这句话的含义不甚理解，但是我相信，劳动者和资本家的对立关系如果不断升级，一定将同时损害双方的利益。

随着对丰田生产方式的研究越来越深入，我发现丰田生产方式确实是一把"能够比较好地解决管理者和被管理者之间关系"的钥匙：

- 赋予管理者和被管理者平等的权利——提出问题权利上的平等，解决问题机会上的平等。
- 让管理者和被管理者的价值在问题面前变得更清晰——谁发现了更有价值的问题，谁更巧妙地解决了问题，谁将解决问题的有效方法推广到更大范围……
- 这使得企业的一切权力和资源都围绕着发现问题和解决问

题。

通过上述这把“钥匙”，丰田生产方式自然而然地确定了这样一种晋级的逻辑：谁能够更好地解决问题，谁能够发现更有价值的问题，谁就有资格成为管理者。

当这样一种平等的关系和晋升的逻辑被确立之后，企业文化中的核心要素也就确定了，这就是：谁能为企业的整体发展做出贡献，谁能够站在企业的系统层面，持续地通过解决问题来承担责任，谁就可以获得企业更多的资源（也就是权力）。

于是，管理者的工作作风就会发生根本性的变化，同时被管理者在日常工作中也就有了更直接的榜样——看看管理他们的人是怎样想问题，是怎样做事情的。

日本式的“实事求是”

毛泽东“实事求是”的思想对于中国人来说一定不陌生。那么，什么是日本式的“实事求是”呢？答案就是 TPS 的现场实物主义。

在我所阅读的关于丰田生产方式的数百本日文著作中，“现场”、“实物”是出现最频繁的字眼，甚至在很多书中直接将丰田生产方式定义为现场实物主义。

了解中国近现代史的人都知道，中国共产党之所以能够在相当短的时间里取得全国的胜利，之所以能够在建国 60 年中创造出如此辉煌的成就，其思想基础就在于实事求是。而现场实物主义可以说就是在企业经营层面为实事求是提供了一套非常具体而全面的理论样本和实践样本。

所谓现场，不仅仅是生产现场、设计现场、质检现场……现场包括一切被称之为工作的空间。有时，我甚至将其范围扩大到一切思考的时间和空间上。所谓实物，不仅仅是一个个零件、一件件工具、一台台设备，实物还指所有被用于工作的原料和资源，也包括各类文件。有时，我甚至将其范围扩大到思考、思考中需要的信息和提问。

应该认识到，现场实物主义所要求的，就是在市场经济的大背景下，也就是在“明确什么才是客户需要”的大背景下，来观察所有的事物，在每一个具体的现场，是不是进入了一个理想的状态——科学的加工顺序、科学的操作、科学的利益关系……

评先进可以提振士气

我们国家的大多数企业，尤其是国有企业，每年都会进行一次先进工作者的评选。各级政府在“五一”前后，也会评选各级劳模。

其实，在丰田也有类似的活动。他们每年会评出这样的先进者：谁提出了更多的问题，谁解决了更多的问题，谁帮助别人发现和解决了问题……

不论形式怎么变，我们都可以看到，如果能够客观地、实事求是地评选出不同领域中的先进，其实就是为众多的企业员工树立了榜样，为他们的日常工作提供了参考和借鉴。

通过这样的评选活动选出先进工作者后，他们工作的态度，他们在工作中采取的一系列更加巧妙的方法，便会在更大的范围内得到推广，其结果就是让越来越多的员工受益。

当越来越多的员工通过学习先进的工作态度和具体做事方法，让自己的工作事半功倍，让自己可以用更小的代价换来更大的成果时，他们自然会在这个过程中变得越来越快乐，变得越来越积极主动——企业于是也就看到了提振士气的成效。

管理者的作风决定士气

管理仅仅意味着权力吗？如果管理不能解决问题，如果管理者的价值不需要通过被管理者的工作成果表现出来，企业还需要所谓的管理吗？

如果要求“管理必须解决实际问题”，如果要求“管理者的价值必须通过被管理者的工作成果表现出来”，那么，管理就一定等同于服务，管理就一定等同于深入基层，管理就一定等同于发现问题和解决问题。

必须看到，管理者的做法会深刻地影响被管理者。管理者是不是有服务意识，是不是能够深入基层，是不是帮助被管理者发现问题解决问题……这些因素在决定管理者和被管理者的关系是否融洽的同时，也在更深层次上决定着企业的竞争力和企业的命运。

如果管理者只是一味地向被管理者提出要求，甚至其中绝大多数要求连管理者自己都无法做到的时候，相信被管理者的士气将遭受沉重的打击。在这样的背景下，企业的一系列工作其实是很难最终获得成效的——企业如果没有采用科学的评价体系，当管理者最终因为伤害到被管理者的情绪而无法获得预期的成效时，管理者自己的价值也难以得到证明。

丰田生产方式的生命力

对丰田生产方式的研究越深入，我越觉得“帮助每一个人成功，就是丰田方式的生命力”——TPS 通过持续改善工作方法，促进每一个人思想的进步，最终帮助每一个做事的人成功。

任何一项工作都是由具体的操作者通过一系列具体的语言和动作所完成的。不仅如此，每一个人的工作都和周围人的工作有着紧密的联系。换句话说，任何一个环节的失败，不仅是这个环节的失败，也将波及到周围一系列的工作和具体的人。

从这个角度讲，“能不能帮助每一个人成功，其实就是能不能帮助这个企业成功”。或者说，帮助企业实现进步、获得成功的过程，其实就是在建立这样一种文化——帮助每一个人获得成功。

实际上，在每一个人的内心深处，都对成功有着深深的渴望。然而，人们的悟性和经验以及责任感等有着比较大的差距。也正因为如此，企业才需要建立一种生产方式，让人们通过互助来达到自助，让人们通过承担个人责任，来保证每一项工作成果达到和超过预期的效果。

丰田生产方式恰恰就是站在这样的高度，去激发每一种潜在的能力。TPS 所代表的理论和实践，就是创建一种“人人为我，我为人人”的工作环境。其实，这种“主观为自己，客观为他人”的机制，就是市场经济制度的核心体现。

- 当任何一个困难、一块绊脚石出现之后，不会再绊倒第二个人。
- 任何一项解决问题的成果，也就是工作的经验，都可以成为所有与之相关人员的常识。

当企业里出现了上述现象时，就意味着企业建立了一个平台——积累组织经验的平台。所谓“积累组织经验”，就是要求组织中的每一个人在贡献出自己的知识和经验的同时，还可以享受到更多的资源和帮助，从而让要组织中的每一个人，都能够通过这个“方便进步的平台”，实现个人成功的同时帮助组织实现更大的成功。

从某种意义上讲，丰田生产方式其实就是这样一个能够不断积累组织经验的平台。

第五节　结果与方法

改变“给我结果”的企业文化

国内企业中的很多管理者似乎越来越崇尚“给我结果”的工作方法。他们只关注结果，而不太愿意去问过程。从他们的嘴里经常可以听到这样的话：“如果你不能给我结果的话，就别跟我说其他的了。”他们甚至还将其定义为目标管理。

这种企业文化和管理作风催生了一种逻辑——管理者只需要提出要求，剩下的事情就可以交给被管理者了。换句话说，管理者不需要解决什么问题，更不需要为被管理者提供帮助。

试想一下，企业的管理者把每年的销售额或者是利润指标拆分后“转交给”下属，这难道就是管理者的工作吗?!

换一个角度想一想便会找到答案。假设你提出了这样的要求：“因为公司今年的销售任务是这样的，所以你的指标是这样的。请你努力完成吧！”之后，如果你的下属不需要你给予其他帮助就可以完成相关任务的话，他还会甘心情愿做你的下属吗?企业出于自身利益的考虑，会不会让他成为你的管理者呢?

管理者把向下属说“给我结果”作为自己的工作方法，企业把“给我结果”作为评价管理工作的标准，将意味着“谁都可以做这样的管理者”——因为他们不需要去解决问题，甚至不需要提出明确的问题。相信这样的“管理者的标准”给企业带来的只能是更大的风险和压力。

共同面对问题

工作的本质是创造价值。任何创造价值的过程都必须是解决问题的过程，从这个角度讲，工作的过程就是解决问题的过程。

因为工作是一个环环相扣的体系，所以一个人工作成果的好坏，一定会影响到其他人的工作。如果一个人不能很好地解决自己工作中的问题，那么，在他所从属的团队中，就很难找到真正意义上的赢家了。

在面对问题的时候，谁都可能有“心虚”的时候。因为，解决问题不是一个简单的过程——发现真正问题的前提是对事物演变规律的深刻把握，从根本上解决问题需要调动各方面的积极性，甚至需要协调各类利益的冲突。

解决问题的过程，需要人们花更多的时间去研究事物的规律，去发现问题之间的逻辑关系，甚至于在解决问题的过程中，会遇到新的、更深刻的问题。如果要求个人承担所有压力的话，结果很可能就是人们回避问题，至少也是当事人因为在能力和经验上的欠缺而无力解决问题。

如何面对问题，如何让更多的人愿意面对问题呢？

如果承认每个人在面对问题时都可能有“心虚的感觉”，那么让大家共同面对问题、共同努力解决问题就是一个不错的选择——让大家在共同实践的过程中体会：

- 如何从现象中剥离出问题。
- 如何进行问题和问题之间的比较。
- 如何在解决问题的过程中处理好新的问题。

建立“共同面对问题”的文化最符合企业的根本利益。正所谓“千钧重担一肩挑不如千钧重担多肩挑”，在“共同面对问题”的文化下，管理者和被管理者的关系会更融洽，因为，管理者更能在指导被管理者发现和解决问题的过程中，赢得越来越多的经验和尊重。

反思自己的工作状态

在大多数不了解和没有推广丰田生产方式的企业中，人们的工作状态是什么样子？认真观察一下，特别是看一看这些人在互动过程中的表现，我们还会发现下列现象：

- 用记忆代替思考。
- 很小的干扰会引发很大的情绪，甚至一次情绪不稳定会长时间影响工作。
- 面对“自己还没想清楚的问题”，就试图直接给出解决问题的方法，还要求他人尊重自己的意见。
- 即使是自己做不好的事情，仍然要向他人提出要求。
- 自己不希望理解他人的工作和想法，却对他人对自己的态度表达各种各样的不满。
- 甚至对自己还都没有弄清楚内容的要求，他们仍然要求他人“遵照执行”。

当人们的工作处在上述状态的时候，他们彼此间的互动就会变得很困难，他们很容易在问题面前选择逃避和彼此指责。试想一下，如果工作中的很多人总是处在这样一种“自相矛盾”、“彼此矛盾”的状态中，每个人的工作会取得预期的效果吗？企业会取得预期的效果吗？

如果面对这些矛盾，找不出一个科学的方法进行系统的调整，何谈企业竞争力呢？在这样的环境中谈有效地发现问题和顺利地解决问题，是不是一种奢侈或天真呢?!

不要对着影子挥舞拳头

所有的结果都是“特定过程的结果”——控制了过程才能保

证结果，忽视对过程的控制而奢谈“保证结果”，似乎只能是一种幻想吧。

想象一下生活中的简单场景，就不难理解上述结论：手里拿着的一个鸡蛋，由于不小心滑落到地上被摔碎了。此时，该去指责鸡蛋“为什么滑落”，还是去观察“手的动作”，甚至去研究“松开手的动机或习惯”呢？如果不想让第二个鸡蛋再次滑落到地上，就必须去研究“动机或习惯”，至少也要“观察动作”，同时可以肯定的是，指责鸡蛋一定是最愚蠢的。

遗憾的是，在太多的工作中，人们往往“不假思索便对着影子挥动拳头”，而不在真正需要研究和改变的对象上实施努力。比如说，管理者要求下属“给出结果”，却不在“如何控制过程”上下功夫，结果很可能会造成这样一种循环：

- 一批下属因为不能拿出成果而被更换掉。
- 下一批人到来之后，依然重复着相同或相近的问题。
- 于是，表现出的结果是：每个人似乎都是很忙，却都忙不到点上（因为新人更需要“熟悉工作内容”）。
- 如果要求他们回答“到底为什么在忙，接下来还要忙些什么”，那么你不会得到任何有价值的信息。
- 换句话说，他们还将相对盲目地忙碌下去……

最可怕的是，当企业要解决上述问题时，不是调整制度和评价标准，而是在几次更换下属后更换相关的管理者。请注意，这种“解决问题”的方法其实是在更大的范围里、在更高的层面上复制同样的问题。

方法不仅仅是实现目标的手段

在很长一段时间里，方法被视为“实现目标的手段”。在大多数人的思维里，当一个目标被确定之后，人们才开始去寻找实现它的“方法”。

然而，仔细观察一下就不难发现：富有价值的方法，更多地应该是服务于树立目标的阶段。

想一想，如果目标设置得不合理，那么实现目标的努力是不是很难最终取得预期的效果呢？其实这样的反思应该出现在所有“没有达到预期目标”的时候——不能仅仅从执行的角度去反思，而需要更多地从决策的角度去反思。

根据丰田生产方式的经验，以及众多成功企业的实践，可以肯定地讲，在大多数情况下，“没有达到预期目标”的原因在于认识上的错误：

- 对目标本身的认识不全面、不系统。
- 对目标所涉及的问题的认识存在比较大的偏差。

问题是“方法的老师”

人们之所以需要方法，很多时候是因为遇到了问题，需要解决问题的方法。正是这样一种“习惯成自然”的需求，让绝大多数人感觉到“方法比问题更重要”。

在那些曾经成功解决过问题的人眼中，在那些曾经成功解决过比较复杂的问题的人眼中，“没有实践就看不到问题”，“没有持续的实践就不可能加深对问题的认识”就是常识。这个“常识”的背后其实有着下列逻辑：

- 问题，是实践中的问题；解决问题，是在实践过程中才能实现的。
- 对问题的认识，通过实践不断加深；对实践价值的认识，通过问题和解决问题的效果得到加深。

- 看不到问题，继续实践就失去了方向；不继续实践，更深入地分析问题便是“奢谈”。
- 人们用实践寻找解决问题的方法；人们总结实践后借助更科学的方法发现问题。

由此可以得出这样的结论：方法不仅是人们实践过程中在问题的引导下完成思考的成果，更是人们在继续实践中发现问题的线索和标准。

实践、思考、问题三者的关系表明，“问题永远比方法多”，从这个角度讲，“问题意识是思考的根本”。因此，只有拥有问题意识的人才更善于寻找方法，并能反过来用方法寻找更有价值的问题，从而让自己的思考更具价值，也就是思考出的方法更加有效。

第六节　是价值观，更是方法论

对丰田生产方式的多种诠释

近些年来，不论是国内还是国外，丰田生产方式都是人们关注的焦点：

- 美国人用“改变世界的机器”概括他们对于丰田生产方式的理解。
- 欧洲人用“丰田主义必将代替福特主义”总结了他们研究丰田生产方式的成果。
- 我们中国人用“精益生产方式”对丰田生产方式做出了自己的诠释。

怎样实现“纠偏”

将丰田生产方式看成是“机器”的，其“红彤彤”的财务状况让人不得不怀疑其研究成果的价值；将丰田生产方式看成是“主义”的，因为其在本土的生产和销售情况难以令人满意，也使人怀疑其研究的方向是否需要调整；将丰田生产方式看成是“精益方式”的，同样没有得到自己希望得到的结果。

于是人们不得不思考这样的问题：真正的丰田生产方式是“机器”，是“主义”，还是“精益方式”？真正的丰田生产方式是宗教，是价值观，还是方法论？真正的丰田生产方式到底是什么？

因为我们在研究丰田生产方式的过程中没有弄清楚这个问题，所以至今都很难看到企业通过学习、推广丰田生产方式而取得企业所需要的成果。要纠偏就要弄清楚以下问题：

1. 正确理解准时化生产、自动化、看板管理、无库存管理、标准作业、提案制度、现场管理等一系列的概念，才能使企业学习和推广丰田生产方式的实践取得预期的成效。
2. 弄清楚丰田生产方式常常是如何被误读的。
3. 为企业提供一套梳理其自身在“学习、推广、超越丰田生产方式过程中的困惑”的方法。

走出误区

缔造丰田生产方式的人都不是学管理的，而与此形成鲜明对照的是，我们众多专家研究的角度无一例外地选择了管理学；不仅如此，丰田生产方式的形成是一个漫长的过程，而与此形成鲜明对照的是，我们真正的研究才刚刚几年。丰田生产方式诞生于危机之中，是用来解决问题的，而与此形成鲜明对照的是，我们大量介绍的却是丰田生产方式解决问题后的成果，而不是如何解决问题的过程……那么，所有类似的研究又怎么可能不造成“误读丰田生产方式”的现实呢？

正确把握基本概念

不仅仅着眼于时间层面的问题，才能正确理解“**准时化生产**”；知道其所指的对象基本上与设备无关，才有助于实现“**自働化**”；了解不仅是“用卡片传递信息的管理”，更是“管理者与被管理者的关系管理”，才可能推行“**看板管理**”；只有从“和仓库的管理关系不大的一种发现问题的工具管理”的角度学习，才能把握“**无库存管理**”的关键；只有超越“规范《岗位说明书》”的范围，才能看到真正的“**标准作业**”；没有规范“管理者用什么贡献于企业的进步”这个最核心的前提，永远都不会有可以不断创造财富的“**提案制度**”；系统地掌握毛泽东思想，并完成其在企业中的演绎，就可以自然而然地获得“**现场管理**”的一切成果；只有在理解了“没有比较就别谈任何问题”这一概念，才能让管理者建立科学的“**问题思维**”。

各种各样的“格格不入”

现阶段，在我国企业的日常管理中，似乎有一种倾向——更愿意推崇“你不需要讲道理，你只需要解决实际问题”，或者“我并不想知道过程，你只需要给我结果”等标准。殊不知，所有类似的标准都是与丰田生产方式“格格不入”的。换言之，推行这样的标准和推广丰田生产方式之间只能做出“二选一”的抉择。因为丰田生产方式是通过明确最一般的道理协助自己发现问题，促进所有的企业成员不断发现更有价值的问题的；因为丰田生产方式的核心，就是通过“控制并改善过程”帮助人们实现越来越高的预期结果。

宗教、价值观、方法的混合体

对丰田生产方式的研究越深入，你就会越认同这样的观点：

- 丰田生产方式是一种宗教、价值观、方法的混合体。
- 作为宗教，丰田生产方式要求人们彻底地改变自己对问题的认识。
- 作为价值观，丰田生产方式强调通过提高每一个人的创造力，实现收入的持续提高，并为社会进步做出贡献。
- 作为方法体系，丰田生产方式提供了一系列发现问题的标准和线索，以及许多被实践验证有效的解决问题的方式与方法。

对于“宗教”、“价值观”、“方法”三者的关系，可以这样理解：

不了解丰田生产方式中一系列的具体方式方法，学习丰田生产方式的努力就没有落脚点，也没有办法开始真正的学习过程；没有对丰田生产方式所体现的价值观的认可，即使了解甚至是观摩了一系列的具体方法，也很难成功地将其移植到自己的企业中；在学习、推广、超越丰田生产方式的过程中，如果没有宗教般的虔诚态度，如果不能如宗教般彻底地改变自己对问题的态度及其认识方式，就只能在其后模仿一些皮毛，永远不可能建立起自己持续进步的、富有生命力的机制。

学习、推广、超越的内涵

对丰田生产方式的研究，其出发点和落脚点就是企业在学习、推广、超越丰田生产方式的过程中得到切实的经济效益。为此就必须明确下列问题：

1. 所谓学习丰田生产方式，就是还原“丰田生产方式”的本来面目，纠正被误读的部分，就是站在企业实践的角度，重新解释丰田生产方式中的核心观点。
2. 所谓推广丰田生产方式，就是帮助企业明确在实践丰田生产方式的过程中将遭遇哪些困难和阻力，就是在选择骨干人员这个最最关键的问题上，帮助企业从知识、技能、态度等方面进行综合把握。
3. 所谓超越丰田生产方式，就是充分利用网络技术的优势，将丰田生产方式演变成共同学习、共同思考、共同实践的平台；就是引导企业思考并解决“怎样通过创造性地引入丰田生产方式，使自己进入制度化发现问题和解决问题的理想状态”这一问题。

第二章

准确解读基本概念

第一节　管理进步的脚印——看板管理
第二节　请先充分暴露问题——无库存管理
第三节　系统化思考的楷模——准时化生产
第四节　危机意识与危机管理——自働化
第五节　管理者的服务意识在哪里——标准作业
第六节　科学发展的“企业魂”——提案制度
第七节　毛泽东思想的演绎——现场管理
第八节　量化责任感的工具——问题思维
第九节　系统解读 8 大概念

第一节　管理进步的脚印——看板管理

看上去是一张张小卡片的看板，其背后却是管理进步的脚印。

“丰田生产方式”实际是长期‘试行错误’的最终产物，而“看板”则代表了人类与问题之间的关系，是人类进步的重要方式。

有人说“看板管理仅仅是丰田生产方式的一种手段”，

也有人说“看板管理就是丰田生产方式的精髓”，

我说：“精髓论者难以将看板管理真正地有效落实，手段论者难以获得本应收获的成果。”

既不正确也不错误的观点

一提到丰田生产方式，许多人会立刻联想到“看板管理”。这样一种“丰田生产方式等同于看板管理”的看法，既不能说它是正确的，也难以说它是错误的。

按照日本能率协会的解释，丰田生产方式是在“彻底消除浪费”、“让制造过程合理化”、“持续提高效益必须作为判断一切工作的基准”等理念下，历经了长期“试行错误”的过程而最终形成的产物。

如果单纯从这样的观点出发，就会很自然地得出“看板管理仅仅是丰田生产方式在制造过程中的一种手段”的结论。

然而，看板管理并非仅仅代表了“丰田生产方式”中的一种管理手段，它体现了丰田对问题的理解，诠释了经营管理中的各种重要关系。因此，我们同样可以很自然地得出“看板管理是丰田生产方式的核心”这一结论。

在后面的文字里，我们将会对此进行详细论述。

试行错误

丰田生产方式的诞生与发展不是一朝一夕的事情。正因为推动其不断发展的人深知“世界上没有生而知之”这一道理，所以他们这样去诠释经营，诠释经营管理者的责任：

- 经营是在持续变化的背景下不断调整自身的过程，是“决策、执行、调整、反思、再决策”的循环过程。
- 因此，管理者的工作就是通过调整标准不断发现问题。
- 就是通过讲解和示范等方式，制度化地解决问题。

因此，丰田生产方式的发展过程，更可以形容为一个不断“试行”、不断发现“错误”，之后不断改进的过程。在这个过程中，管理者们承担着极其重要的任务——调整指令的具体内容和调整发布指令的具体方式。作为调整的工具，并用来展示调整后的效果，“看板”诞生了。

请注意：日语中的“试行错误”与汉语中的“试行错误”写法一致，而且语意上也没有实质的区别。

什么是看板

看板就是一张一张的小纸片，上面记载着各种各样的要求和信息。

后来，越来越多的管理者意识到看板管理的方便和重要，因而看板开始被广泛地使用，一张张的小纸片被粘贴到更多、更复杂的现场中，随之而来的是小纸片的材质也发生了变化：有塑料的、有木质的、有金属的……

做出好的看板的难点

看板的作用很大，但面积却很小，有限的小纸片需要承载许多具体信息，如何精确地将其描述清楚，成为了推进看板管理的难点。

丰田公司要求在看板中承载的信息既不能少，更不能多。如果少了，将使得要求不够清晰和准确，从而操作不能够顺利完成；但是如果多了，也将造成纸片过大，让操作者负担过多、注意力分散，给具体的工作带来误导……

看板中不能有“概念”

丰田生产方式把提高效益作为判断一切工作的基准，于是要求看板必须有针对性地为看板的使用者提供服务。

这是什么意思呢？试想如果一名管理者提出的仅仅是一些“你要更快一点”、“你必须再认真一些”、“你的工作应该做得更好”、“你要注意一些细节”等概念性的要求，那么作为管理者的“发号施令”则是否过于轻松了？这样的要求真能获得预期的成果吗？

但是，如果管理者将要求具体到“你要使用一字改锥”、“你应该拧紧10个而不是8个螺钉”这样的层面上时，管理者就必须针对工作内容和成果要求进行认真的思考。也只有在这样的要求下，才能做出好的看板。

看板上必须指出在这个工段上、在这种操作中到底应该使用哪些工具，这些工具到底需要离操作者多远，为了避免让操作者使用错误，管理者需要落实哪些措施。比如说，怎样通过颜色或者摆放位置的不同让操作者不会用错钻头。

通过上述的要求和努力，我们必然得到这样的成果：管理者必须和被管理者打成一片，甚至还需要亲身体验被管理者的操作，并和他们共同研究并找出在每一个具体操作的环节上，甚至是每一个具体操作的步骤中，所需要的信息、需要关注的现象到底是什么。在这些基础上，由管理者最终将相关的信息写到看板上。

管理者与操作者的关系

导入真正意义上的看板管理，最大的挑战和价值在于使“调整自身工作作风”、“提高自己的指令的针对性”等成为管理者的自觉。此时的看板成为了连接管理者和被管理者之间的桥梁，同时也就成为了工作的重要依靠。

这样，在所有的环节上，任何人只要看到看板，就知道自己这一刻该做什么，只需要去想哪些事情。因为更专注于看板上的信息，操作者在每一项工作环节上都没有杂念，所以不容易出错。

下面看一看我国的企业在推进看板管理中的做法。

有的企业把相关的制度放在了办公室，有的甚至将对同一个岗位的要求放在了不同的办公室。对于这样的做法，他们给出的理由是：因为对那一个岗位的要求，既有设备，也有刀具，也有质量，还有员工操作等，涉及各个部门。因此要把这些要求分别放到各主管部门的办公室里。

这样一种割裂了管理者和操作者之间联系的管理，又怎么可能实现服务的功能呢？如果针对同一工位的信息被分别放到不同的办公室里，依此方法所设计出的看板又怎么可能为现场所用呢？换句话说，在这种情况下，越强制地要求现场的员工使用看板，管理者和被管理者的对立也就越突出，矛盾也就越难以调和。

看板的其他功能

看板管理还有一些其他的附加功能。

比如说，在丰田公司的各类现场，有一种看板专门服务于物品的移动、信息传递。通过这样的看板，人们就知道一个产品是从哪一个环节来又要到哪一个环节去，以及什么时间来、什么时间去。

这样的信息为一些有心人提供了思考的可能：突破自己的工作环节，有机会看到更大范围的工作，有机会了解到其他一些岗位的工作。这样就为这些人成为管理者提供了条件，同时也使得丰田公司对基层管理者的选拔有了更大的选择空间和范围。

基于这样的选择标准，基层管理者将创造出和被管理者更加融洽的关系，因为他就是刚刚从那个岗位、那道工序、那个车间走上管理岗位的。

监督的是工作还是人?

管理者肩负着“监督的责任”，甚至在很多人看来，管理者就是监督者。大野耐一是这样解释监督者的：“被称为监督者的人，如果没有能力教会别人，是完全行不通的。”

在谈论监督者之前，有一个问题需要弄清楚——监督的对象是工作还是人?

监督对象如果是“人”的话，那么管理者将极容易推托掉自己的责任，比如在A工作出现问题时，管理者只要说：“没有做好A工作的原因，是因为小张的失误。”然而，这样的说法不仅无法解决A工作的问题，也丝毫不会给“操作者小张”带来任何的进步。

但监督对象如果是“工作”的话，面对同样的问题时，则需要管理者针对“怎样避免下一次的类似失误”、“如何才能做得更好”、“能否再节省一些时间”等问题给出答案，并且还需要经得起下一次操作的检验。这样的思考将会促使管理者不断改进“A工作的操作要求”，同时“操作A工作的小张”也会因为操作要求的变化而实现个人能力的提高。

由此可见，管理者所肩负的“监督责任”必须针对工作，而不是人。

用大野耐一的话讲就是：“管理者的工作，就是在努力完成具体任务的过程中，根据情况的变化，随时给出帮助和指导，以最终实现‘在变化中达成预期成效’的管理目的。”

这一点其实也正是“通过什么才能体现出管理者的价值”这个问题的答案。

比如，在一个车间里，不需要车间主任操作机床、搬运产品，甚至不需要车间主任完成具体的统计，如果在遇到问题时，车间主任仅仅说“没有做好A工作的原因，是因为小张的失误”，而并不针对如何避免“下一次”给出措施的话，那么企业支付很高的工资来聘用车间主任的意义何在？

监督者的工作，应该被怎样监督

监督者的工作应该被怎样监督？我们依然可以使用“车间主任”的例子来回答这个问题。

比如，在交货的现场，负责接收原材料的小张需要面对“接收时间”、“摆放地点”、“货品名称”、“包装规格”、“接下来通知哪个工序的人来领取（或者是送到哪个工序区）”等一系列的问题。车间主任则可以使用看板来帮助小张明确这些问题。

同时，车间主任还可以使用小张的工作记录（其实可以看成是另一种形式的“看板”），来帮助小张和自己发现问题：哪一次晚了；哪一次包装规格不符合要求；等等。

之后，车间主任还可以继续帮助小张学会统计和分析（其实也可以看成是另一种形式的“看板”），并尝试进行判断和调整。比如在面对下列问题时：“供货商的交货不仅总难以准时，而且不愿意接受改进的建议，所以有必要寻找新的供货商。”“A包装规格因为比较大不易搬运，所以有必要协同相关工序的同事研究新的、更方便搬运的规格。”

由此可以看出，看板体现出了管理者的“经验”和“责任”。所谓“经验”就是即使管理者不出现在交货的现场，小张也能顺利地完成工作，甚至可以发现一定的问题、处理一些纠纷。所谓“责任”就是只要小张在工作中按照要求完成记录、统计、分析，并参加一系列研究解决问题的会议，就能不断提高工作能力。

看板之所以能够成为监督“监督者工作”的工具，就是因为在相应的看板上，针对上述的“经验”和“责任”，可以逐一查找所对应的具体内容，看一看有没有“缺项”、“内容缺乏针对性”、“按照所写内容操作的难度过大”等现象。

通过看板，管理者在贡献什么

小时候就听过这样一句话：“火车跑得快，全凭车头带。”后来看书时对这句话印象很深：“路线确定之后，干部就是决定力量。”再后来经过自己的观察发现：“找不到关键点，努力也难有成效；没有关键人物，工作就将陷于盲目。”

在传统的管理模式中，人们更看重“带头作用”，在现代企业管理中，能不能制作出好的看板，能不能建立起看板管理的模式，其实更能体现“带头作用”。换句话说，管理者通过看板贡献着自己的经验和责任，与此同时还贡献着选拔骨干的机制，因为：

- 通过看板可以准确地提供关键点，并不断加深对关键点的认识。
- 通过制作好的看板以及建立看板管理体系的过程，更可以“自动”地选拔出关键人物。

看板展示“各种关系”

类似于车间主任用来完成对“小张”进行管理的看板，不仅可以出现在交货的现场，还可以出现在操作的现场、检验的现场等一系列现场。

类似车间主任帮助小张完成记录和统计的看板，不仅可以出现在针对货品的交接过程中，还可以出现在针对品质检查的过程、研究和确定生产定额的过程等一系列工作中。

可见，看板所展示出的就是工作体系中的各种关系——操作者之间的关系、生产线之间的关系、车间之间的关系、工厂之间的关系……直至企业与消费者之间的关系，当然还有管理者与被管理者之间的关系、工作与问题的关系、问题与责任之间关系……直至解决问题与实现进步的关系。

结合“试行错误”的论述，所有上述各类关系是在不断改进的过程中建立和调整的。今天所完成的改进，从某种意义上讲就是在证明昨天的“错误”；而今天的再学习，就是努力在明天通过所完成的新的改进，来证明今天的错误！

看板的本质

按照丰田生产方式的观点，被管理者所做的事情以及做事的方法，其实都是管理者指令的“影子”。“看板”上的内容就是管理者的工作指令，指令越及时，越有针对性，被管理者的工作成果就越容易掌握。

如果把丰田生产方式诠释成“精细化管理”，那么“看板管理”就是要求做到“指令精细化”和“指令体系的精细化”。

所有这些都来自于管理者的工作作风的改变，来自于要求管理者用什么标准评价自身工作的成果，来自于管理者自身思维质量的不断提高。

要求管理者提供一系列的看板，提供内容更准确的看板，并最终要求管理者建立看板管理的体系，其实就是在建立一种价值观，一种能够直接服务于进步、服务于和谐的价值观和方法论：

- 通过看板，要求管理者完成与被管理者的充分互动。
- 通过看板管理模式，要求管理者充分发挥被管理者的聪明才智。
- 通过不断改进看板的具体内容，要求管理者带动被管理者关注问题，并努力解决问题。
- 通过不断完善看板管理模式，要求管理者不断提高自身的思维质量，并且带动被管理者也关注思维质量的提升。

这些逻辑关系，可以帮助人们看到“看板内容和体系的变化”与“建立有效的管理机能”之间的互动关系，这是研究丰田生产方式的关键，也是推进丰田生产方式并取得经济效益的关键。

看板与“丰田方式”

从上面的一系列论述不难看出，看板中的具体内容完全可以超越生产范畴，可以渗透到各类管理的每一个细节。

通过上面的一系列论述还可以看出：一方面，看板的内容可以是对每一个管理细节的规范；另一方面，看板管理的体系可以非常直接地梳理系统层面的问题。

也就是说，通过看板管理的体系，完全可以协调好系统和细节的关系。

从这个意义上讲，看板管理不应仅仅属于“丰田生产方式”，而应属于“丰田方式”。换一种方式表达就是：丰田生产方式通过其看板管理的长期实践，完成了对自身的超越，从而演变为“丰田方式”。

当我们今天学习“丰田生产方式”的时候，也就必须从“丰田方式”的新角度，重新审视看板管理，在更高、更广的范畴里，持续挖掘看板管理对企业的贡献和对管理学进步的贡献。

看板管理，完全可以“单独导入”

按照日本能率协会对于“丰田生产方式”和对“看板管理”的解释，我们只能得出这样的结论——不能单独实行看板管理。

但如果从“丰田方式”的视角重新审视“看板管理”的话，却会得出完全不同的结论——看板管理完全可以单独导入！

这里“单独导入”的意思是：只要愿意暴露问题和解决问题，希望明确管理者的价值，不论试行的范围怎样设定，也不论曾经的管理基础如何，都可以通过单独导入看板管理让企业获得直接的经济利益，让企业的管理水平得到提高。

结　论

看板管理虽然只是从一张张的小卡片“开始”的，但其背后所反映的却是包括管理者和被管理者之间关系在内的各种关系。

丰田生产方式通过看板管理的演变，完成了对自身的超越，形成了新的“丰田方式”，拥有着独特的管理价值观、判断体系以及新的思维方式。这使得“看板”管理在长期的实践和发展过程中，逐步演变成为一种发现问题和解决问题的工具。

至此，学习和推广丰田生产方式的实践有了全新的选择——忽略管理基础，模糊试行范围，单独导入看板管理。

第二节 请先充分暴露问题——无库存管理

无库存管理首先是帮助企业暴露问题的手段！在推进无库存管理的过程中，人们将不得不针对工作的本质完成思考，不得不针对问题完成认真的思考。

遗憾的是，在推进无库存管理的时候，我们很多的管理者会用这样的语言拒绝实行：“你看看，压缩库存后出现了多少问题?”

即使是日本同样著名的汽车厂，实施无库存管理也很难

在了解丰田生产方式的人中，几乎所有的人都对无库存管理有着非常深刻的印象，甚至是带有几分羡慕的心态，其中的原因很简单——确实只有丰田公司做到了无库存管理。

下面这个案例就能很好地证明做到“无库存”有多不容易。

同样是日本的一家著名汽车公司，它花费了很长的时间和各种各样的努力，试图做到无库存管理。有意思的是，在一次猛烈的台风过去之后，丰田公司因为交通受阻、供货商无法供货而全面停产了，但这家汽车公司却依然能够生产。于是他的老板非常愤怒地说：“不是说已经实现了无库存管理吗?既然无库存，没有人送来零件，为什么还能继续生产呢?”

为此，在这家汽车厂的中高层管理者中，很长时间弥漫着一股怨气——我们在猛烈的台风之后，做了那么多的努力才使生产

没有停止，为公司避免了那么多的损失，为什么还要“骂我们”？

这家公司的管理者仅仅看到了“在猛烈的台风之后，努力使生产不停下来，可以为公司避免很多损失”，却没有认识到“没有建立起无库存管理，每天都会给公司带来很多的损失”。

由此可以看出，即便是日本企业，即便是和丰田公司一样生产汽车的知名企业，要做到无库存管理仍然很难，而更困难的是让管理层认识到“无库存管理”的真正含义。

同样的问题，如果摆在中国企业的管理者面前，我们的管理者会如何面对呢？其难度是可想而知的。

人们对无库存管理的理解往往仅停留在“物流的层面”

在绝大多数人眼中，无库存管理属于物流范围。因此他们认为，无库存管理所要做的就是尽可能压缩库存量。这样的看法不能说是错误的，但是将无库存管理局限在库存领域和物流领域却是非常片面的。

以前在和国内的研究机构或企业讨论无库存管理的时候，很多人轻松地罗列出了“无库存管理的好处”，比如：

- 减少在制品。
- 使得流动资金的周转更加迅捷，减少了公司的资金成本。
- 因为现场的在制品减少了，所以更容易打造整洁的工作现场，尤其是生产车间。

如果站在企业经营的角度，再进一步深入思考的话，还可以发现更多的“好处”：

- 由于去除了仓库，所以可以减少一部分占地和库房建设。
- 由于没有仓库，所以搬运量减少，因此也减少了一些成本和损耗。

这些评价都是非常正确的，也可以从丰田等日本企业的资料中看到。然而，很多人却并没有认识到，“无库存管理其实是帮助企业暴露问题的手段”。

在推进无库存管理的过程中，必须要针对工作的本质、针对问题进行认真思考。很多人恰恰因为没有做好发现问题和解决问题的思想准备，没有看到在推进无库存管理的过程中，首先挑战的是管理者“否定自己”的勇气和智慧，结果，在推进无库存管理的时候，我们很多的管理者又会反过来拒绝实行无库存管理，他们会说：“你看看，压缩库存后出现了多少问题？”

在没有库存的情况下，当事人更需要认真思考

我们可以用一个例子来说明企业的库存与思考之间的关系：车间主任要求小张制作A零件，并为小张无限量地提供了制作零件所需要的材料，那么，小张不仅拥有了充分的备用资源，同时也拥有了允许做错的条件，在这样的条件下，小张在工作的时候会有多高的认真度呢？（请注意：没有“认真度”作为保证，工作成果的质量会有保证吗？）

接下来我们可以尝试“推进无库存管理”——车间主任只给小张一份制作A零件所需要的材料，此时小张的这个岗位便进入了“无库存”的状态。只有一份资源的小张会怎么做呢？显然，此时的他必须认真地去完成以保证不能出“任何失误”。（请注意：如果对于每一次的工作，当事人都必须进入“认真思考”的状态，他的产品质量、工作质量会没有持续的提高吗？）

通过上面的事例不难发现，库存量为零也就意味着操作者没有“失败后的替代品”，这就要求操作者必须准确地完成操作。什么叫做“准确地完成操作”呢？就是要准确地完成每一步操作

的具体内容并完全达到成果标准——这就要求当事人必须在操作之前认真地思考。

企业在推进无库存管理的过程中将发现更多的问题，完成更多的思考

在企业日常管理的时候，如果采用无库存管理的思想，并实施一系列的具体措施，就有机会达成这样的效果：所有的人都会因为手头没有更多的备用品，从而必须做到“一次操作合格”。

当然，这并不是一件容易的事情，要做到这一点，就必须使每一个个体、每一个小组在每一天的每一项具体工作中，都要认真思考一系列现实的问题：如何减少操作中的各类失误，如何让自己不再重复曾经的错误，等等。

在不断压缩库存量的过程中，即便是很小的问题，也可能因为备用品不足而需要再一次提出申请，领取相关材料和零件。将这类申请进行统计后，企业就可以从不同层面去把握各个环节上所出现的问题，并通过对问题出现的频率、性质的进一步分析，提高接下来的工作的针对性。

这样，一个人、一个小组、一个车间乃至一个事业部都可以每天控制当天所发生的问题，从而使得第二天的工作更有针对性。

从日常工作的角度，怎样理解无库存管理的精髓

显而易见的是，企业在上述的努力过程中，最大的挑战和阻力都将来自管理者——因为他们首先要设计出科学的体系，因为他们首先要面对越来越多、越来越复杂的问题！

从这个角度讲，无库存管理的精髓所体现的是：

1. 在现场为操作者提供一种帮助——使其在工作中不得不认真思考。正因为他认真思考，才会使完成同一种工作的时间不断被压缩，效果将不断改善。
2. 在现场的操作者，可以借助与无库存管理相关的一系列工具，提高自己操作的熟练度和准确性。比如，他们可以看到自己的前任曾经遇到过哪些问题，曾经发现了哪些更有效的方法。
3. 由于没有库存，所以要求操作者必须一次操作合格，那么在整个流程的节拍设计上，就要求一系列有形的指标更加科学、具体。因为生产线上没有多余的库存，所以任何意外都能被迅速发现，这样所有人就都可以在分析原因、研究对策方面贡献更多的智慧。如此循环往复，操作的熟练度、准确性、节拍、手持量等一系列指标都将得到进一步的改善。

如果一个企业中的个人、小组、车间、事业部直至整个企业都能够在每一天的工作中不断改善一系列有形的工作指标，就会使进一步推动认真思考的工作更容易进行，同时也就形成了一种良性的互动：让人们在工作的时候针对重点环节、重点操作进行思考，在工作之后可针对下一次的工作如何改善而继续思考。

看到无库存管理的最大好处，也就是看到了无库存管理的最大困难

从物流管理和企业经营的传统角度，可以罗列出无库存管理的诸多好处。

比如："减少在制品"；"使得流动资金的周转更加迅捷，减少公司的资金成本"；"因为现场的在制品减少了，所以更容易建设整洁的工作现场，尤其是生产车间"；"由于去除了仓库，所以

可以减少一部分占地和库房建设”；“由于没有仓库，所以搬运量减少，因此也减少了一些成本和损耗”……

然而，在其中最大的好处“通过发现问题和解决问题，从而实现思维质量的提高”面前，所有这些可以看到的利益的总和，对于无库存管理能够给企业带来的整体利益和深刻变化而言，自然也就只能占一小部分了。

有趣的是，无库存管理的魅力和挑战就在于：无库存管理所能提供的最大好处，恰恰正是推进无库存管理的最大阻力。

一部家喻户晓的电影中有句这样的台词：“21 世纪什么最宝贵？人才!”那么，什么是21 世纪最宝贵的人才呢？答案无疑将定格在发现问题和解决问题上！这也就是为什么在讨论一个企业的核心竞争力时，一定会将员工的思维方式、员工的价值观、企业持续创新的能力、彻底消除各种浪费的能力、迅速而准确的信息系统的能力等列入其中的原因。

不难发现，所有这一切都必须和人们的思考认真度、工作认真度相联系，换句话说，如果没有绝大多数员工的系统性工作，没有他们针对具体问题所完成的富有价值的思考，所有这些核心的竞争力都无法成立。

对无库存管理的误读，是推进无库存管理的最大阻力

我国几乎所有试图推进无库存管理的努力都无功而返，其原因就在于国内绝大多数企业在推进无库存管理的时候，仅仅将注意力局限在库存领域，局限在物流和传统的经营领域。所以经常会出现这样的争论：“虽然压缩了一部分在制品，节省了一部分流动资金，但却出现了其他的问题。”

当勉强地将原有的库存量压缩之后，就会出现各种各样人为或者非人为的“意外”，从而使生产的各个环节出现不同的等待。这样的结果当然是企业难以接受的，于是这种难上加难的恶性循

环，逼迫改革者不得不放弃原有的初衷。这样的一种努力，在管理者迷失了努力的方向之后，除了“不了了之”的结果，人们还能期待什么呢?

“压缩库存、推进无库存管理的努力，其结果证明是在瞎折腾。”令人遗憾的是，这样的意见往往可以在企业中取得最终的胜利。太多的人会认同说：“为了节省一部分流动资金而造成更多的问题，最终也无法让企业获利，所以不可以推进无库存管理。”看到了吗，这就是在理解上出现误差之后，难以让更多的中高层管理者看到真正的问题所在!

改革的难点在于为“我将怎样改变自己”给出答案

改革总是困难的，因为人们会有一种对现状的留恋，会有一种对未知的恐惧。推进无库存管理的改革更加困难，因为人们必须在推进无库存管理的改革中变革自己的思维!

面对留恋和恐惧和对变革自己思维的抵触，如果不能正确地指出推进的方向以及改革的着手点，推进无库存管理的努力永远只会是美好的空想。

无库存管理其实是帮助企业发现问题的工具，是帮助人们针对工作、针对问题进行认真思考的工具，然而，太多的企业却用“减少库存之后问题太多，所以不能推进无库存管理”作为理由，拒绝向更高的管理水准迈进——看到了吗，这就是对无库存管理的误解!

如果管理者不纠正这样的认识，不做好解决一系列具体问题的准备，企业就永远不可能进入“无库存管理”的状态。

当面对“企业怎样推进无库存管理”这一命题的时候，管理者首先需要的不是针对“无库存管理”设计这样或者那样的方案。如果管理者没有认真思考“我将怎样改变自己”这一问题，没有回答“我将如何面对因为推进无库存管理而持续出现的各类问题”这一问题，那么即使给出了某个“关于推进无库存管理的方案”，也将难逃“流产”的最终结果。

结　论

无库存管理挑战的是人们习惯的思维！因此，推进无库存管理的过程，其实就是人们思维变革的过程。正因为如此，即使是日本的优秀企业，在推行无库存管理时也将遭遇非常大的困难。

也恰恰因为同样的原因，我们的管理者完全可以通过推进无库存管理，帮助自己更快地提高自身的思维质量。

企业的经营状态体现在并取决于所有员工工作的状态；所有员工的工作状态体现在并取决于管理者的工作状态；管理者的工作状态体现在并取决于其思维的质量。因此，我们的管理者成功提高自身思维质量之时，就是企业持续改善经营状态之时。

第三节　系统化思考的楷模——准时化生产

一根细细的钢丝，如果在特定的位置紧绷起来就叫“琴弦”；一条生产线，在“准时化”的要求下紧绷起来后，就成为可以持续消除浪费、减少错误的利润发动机。

丰田生产方式并不是单纯从时间的角度看待准时化，而是从怎样才能持续有效地消除浪费的角度设计准时化。

通过准时化所展示出来的，就是系统性思考。

什么是准时化

如果我们和朋友约会，并要求对方“一定要准时”，往往等同于“别让我等你”。多数人认为：只要不迟到，甚至早到了都属于“准时”。

与上述日常生活中“准时”的概念不同，丰田生产方式中“准时化”的要求是：晚了不允许+早了也不行。

“准时化”除了“不能早，也不能晚”之外，还有一点更重要，这就是“提供所需要的东西”。请注意，这里所说的“需要”，不仅仅是质量方面的严格要求，更包括数量方面的严格要求。

综合地描述准时化的概念，就是“将必要的物品，在必要的时间，只将必要的量，送到必要的地点”。用大野耐一的话讲，准时化所追求的是“物品流动的理想状态”。（这里所说的物品流动，其实是生产过程中被加工物的变化，在流动中经过不同操作所完成的变化过程——作者注。）

并不是日本人的英语不好

日本人把准时化生产称为“just in time”，稍有英文基础的人都知道，准时的英文应该是“to be on time”。在国内很多场合，当我问及为什么日本人用“in time”，而不用地道的英文“on time”的时候，会有人说，这是因为日本人的英语不好。

其实情况并不是这样的。英文中的“to be on time”更多的是类似生活中“请准时”的概念，而“just in time”的含义是对准时做了更严格的要求：“晚”当然是不允许的，同时“早”也是不被允许的。

结合本章第二节的无库存管理一文中的说明，可以知道：早些做出来，放在某个地方“预备着”的做法，在丰田生产方式中是不被允许的。

准时化在丰田生产方式中的地位

在全球范围里，大野耐一被认为是开创丰田生产方式的第一人，因此需要关注他对准时化的概括。在他自己的《丰田生产方式》一书中，大野耐一将准时化生产称为“丰田生产方式的两大支柱之一”（该书提到的两大支柱是“自働化”和“准时化生产”——作者注）。从这一点就可以看出准时化生产在丰田生产方式中的地位——没有准时化的成功推进，就没有丰田生产方式。

推进准时化的最初阶段的脚步

看一看推进准时化生产的最初阶段的几个重要步骤，可以帮助人们更准确地理解准时化生产。

推进准时化生产的努力是从20世纪40年代开始的，第一步是努力压缩冲压工艺的准备时间（下面的事实真的需要所有人认真思考：直到20世纪80年代，美国人才发现，自己更换冲压上下模需要20小时的时间，而日本人仅用3分钟就可以完成“相同操作”。实际情况是，日本人在20世纪60年代就可以用15分钟左右的时间完成“相同操作”，70年代就可以仅用3分钟完成“相同操作”——作者注）。

在努力压缩冲压工艺的准备时间后的大约第三年，丰田开始彻底调整搬运方式，也就是大多数人熟悉的“超市”式物流。

“超市”式物流采用了超市货架上哪一物品缺货就补货的办法，是后一道工序向前一道工序索要自己需要的东西，而不是像以前一样由前一道工序将自己加工完的东西传递给后一道工序（大野耐一称这样的调整为“搬运的逆循环”——作者注）。

在努力压缩冲压工艺的准备时间后的大约第四年，丰田公司开始废止“中间库”［在废止“中间库”的10多年后才全面废止了传统意义上的“出入库票”。这就是为什么说在无库存管理中，大野耐一将对传统意义上的仓库的关注放在了最后的原因——在压缩库存的努力中，首先将焦点置于“中间库”和“在制品”（中间产品），而对仓库本身的关注却在其后 10 年才展开——作者注]。

在努力压缩冲压工艺的准备时间后的大约第五年，丰田公司开始积极推进零件加工的生产线与组装生产线的同步化，并在 5 ~6 年后，与搬运的持续调整相结合，更加彻底地推进“超市”式物流方式。

从上面的几个大脚印中，我们可以清晰地看出，推进准时化生产并不是单纯地在“时间”概念上努力，而是通过持续调整涉及生产的不同系统，帮助人们发现问题。

设计准时化的目的

众所周知，实现准时生产是一件极其困难的事情，它要求所有的工作必须是在所要求的“那一点上”完成。因此在很多人看来，在一个企业的整体工作上做到这一点有些“不可思议”。

因此，我们需要换一个角度去看——推进准时化生产要追求什么样的目标。

截至 20 世纪 70 年代，大野耐一所罗列的主要目标有“持续压缩生产周期”、“持续减少‘香蕉皮’式的工作”、“提高工艺工序之间的平衡度”、“让问题明确化”等［在丰田生产方式中，将“直接贡献于增加价值和利润的工作”称为“香蕉瓤”，而将“只增加成本不增加价值和利润的工作（如搬运）”的工作称为“香蕉皮”——作者注]。

推进准时化必须思考的问题

推进准时化生产的过程是一个非常艰苦的过程，大野耐一认为，在这个过程中至少需要考虑下列问题：流程（物品的流转方式)、工艺的组合形式、搬运方式、（各环节之间）提供情报的方式、准备（工作）的内容和方式、标准作业、杜绝随意加工、品质管理等。

“绷紧”起来的生产线

企业中最难做的工作就是“界定问题”，这需要在企业中树立起符合企业发展的是非观。因为如果没有比较的标准，就难以发现问题，更难以界定问题。

通过推进准时化生产，可以让生产线“绷紧”起来，于是任何环节上出现任何“异常”都可以立刻被发现。这样做的结果就是让问题自动地跳出来，让培育是非观的工作因为随时有了活生生的案例而变得有的放矢。

当越来越多的人每天都看到问题，看到问题是怎样被发现、被界定、被解决时，就自然而然地受到熏陶，就很容易进行模仿……久而久之，就更容易建立一种努力发现问题和解决问题的管理体制。这也许就是推进准时化生产所获得的最大收益吧。

列车时刻表与准时化

为什么要强调“超越时间观念理解准时化生产”呢？想一想列车时刻表或许可以找到一些借鉴。全国每一趟列车的运行都有严格的时间规定，但在实际的运行中，经常会出现列车晚点的现象，但并不会造成整个铁路系统的混乱，这是因为所有这些“列车时刻表”所构成的是一个超越单纯时间观念的系统工程。

在过去的几十年时间里，丰田公司的技术在不断进步，产品在不断更新，人员也在不断流动，每一个具体的操作环节的操作时间都发生了很大的变化。在这样的背景下所实现的准时化生产，就更不可能仅仅是一个时间的观念了。

因此，与其在时间范畴里研究准时化生产，不如在如何思考问题、如何更及时地发现问题、如何更有效地解决问题的层面研究和理解准时化生产。要不断完善工作体系就需要提出更具体、更直接的要求。而所有这一切的前提就要对每一个岗位上的具体工作进行彻底分析：

- 操作者到底在什么时候处于等待的状态？
- 操作者在什么时候是在完成加工的具体操作？
- 操作者在什么时候需要思考？
- 操作者必须完成哪些对工作成果的检验？

因为工作在每一个岗位上都是一种循环，在岗位之间同样是一种配合和循环，所以要求这其中的每一项工作都不能“早”也不能“晚”地准时完成，实际上这就是在要求建立更科学的工作体系。

成本和品质，都是方法的“影子”

对于“准时化”，绝大多数的中国企业很容易单纯地从时间的角度去理解，与此形成鲜明对比的是，日本企业则是从消除浪费的角度去思考准时化生产。因为在他们看来，时间和其他的成本以及品质等诸多内容都是方法的“影子”。

在他们的逻辑中，只要你确定了一种最有效的方法，所需要的工具、所需要的加工时间、所消耗的原材料等一切要素也就随之被确定了。

因此他们认为，如果你能控制好时间上的要求，就会迫使相关工作人员思考更有效的方法，而当方法改善之后，就可以去除工作中不合理的部分，工作中的各种各样的浪费就会得到大幅度的削减。

可见，只要针对每一项具体工作在时间上做出更严格的要求，就可以“迫使”不同层面的工作人员不断调整具体的工作方法。这个过程与推进无库存管理共同作用，最终就可以帮助企业实现控制成本、改善品质等一系列的经营目标。

无库存管理与准时化

在针对无库存管理的说明中，有两点是非常重要的：

- 首先从哪里压缩“不该有的库存”。
- 不能因为闲着没事就多做一些“预备着”。

怎样在每一天的具体工作中彻底贯彻这样的理念和规定呢？答案就在持续推进准时化生产。

压缩不该有的库存就是“以最终产品为准”，所以就不允许向生产线投放更多的原材料。因为“不能早”，就意味着不能先做出来“预备着”。同时，因为每一项操作都有严格的时间限制，所以什么时候“闲着没事”就会变得很清楚。

准时化与系统化

一根细细的钢丝，在琴上被紧绷起来后被称为“琴弦”。在不同的位置上按住钢丝然后拨动它，就会发出不同音高的声音。反过来讲，根据音高的不同就可以判定按住了钢丝的哪个位置在拨动。

同理，一条生产线在“准时化”的要求下被紧绷起来后，在不同位置也会产生不同的问题。这就意味着：在生产线的不同位置发生的问题就变得更加容易判断，更加容易发现。

这样一条被紧绷起来后的生产线就成为可以持续发现浪费并有效消除浪费的生产线，而最终也就成为帮助企业不断提高利润的发动机了。

结论

品质、成本、交货期是企业提升管理需要始终关注的问题。它们都是特定方法的“影子”——不同的方法可以形成不同的品质；不同的方法带来不同的成本；不同的方法将消耗不同的时间……

怎样才能持续改善具体的工作方法呢？只能通过思考，即认真的、持续的思考。要让更多的人进行有效的思考就需要提供思考的平台——怎样及时地发现问题，怎样有效地解决问题。

日本著名的管理专家新乡重夫称丰田生产方式为“彻底消除浪费的思想和技术”：它通过调整工作的顺序和方式，设定思考的目标，“将必要的物品，在必要的时间，只将必要的量，送到必要的地点”。

从“推进准时化的最初阶段的脚步”中，企业的管理者可以找到一些有效思考的线索——超越时间的范畴思考准时化生产，在“明确准备时间里到底要做好哪些事情”、“调整搬运方式”、“废止‘中间库’”等领域，为推进准时化生产创造条件。

第四节　危机意识与危机管理——自働化

自働化不是自动化，因此与设备本身没有什么关系；

自働化所强调的甚至不是使用设备的人，而是使用设备的人所需要面对和思考的问题；

因为强调的是问题，就必须涉及一系列具体的标准。从这一点讲，自働化所展示的核心价值是针对管理方式的，也就是针对管理者的思维以及相关的制度安排的。

认识自働化

人类发明了工具，从而延伸自己的能力；伴随着工具进步，人类又发明了机器，从而代替人类完成各种复杂的、重复性的操作；当人们因工具与机器的发明越来越感到方便和高效之后，新的问题也应运而生：交给机器做的事，似乎不再需要思考了。

一旦人们“成功”地用机器代替了自己的操作之后，一切问题也都合乎情理地可以归结于机器了。

丰田生产方式认为，“一切问题都归结于机器”是一件需要高度警惕的事情。因为机器没有能力辨别是非，更不可能发现问题和解决问题。于是丰田在“自働化”时代中提出了自己的“自働化”的概念：让机器也有人的智慧——当机器生产出了不合格的产品时，就会“自动”停下来。

机器本身当然做不到这一点，能做到这一点的还是人——机器的操作者。其实，“自働化”不同于“自动化”的核心也正是这一点，即由操作机器的人去发现和解决问题。

设备和使用设备的人

通过“自働化”的努力，使得“自働化”距离传统意义上的“设备”越来越远，甚至和使用设备的人也有一定的距离。而同时，距离问题却越来越近，距离建立界定问题的标准即管理方式越来越近。

在持续推进“自働化”的过程中，丰田生产方式要求使用设备的人在使用设备的过程中明确一系列的问题：

- 出现什么情况的时候，就需要停止机器。
- 哪些现象是出现异常的“前兆”（至少也是对异常的准确

判断）。

- 将自己的哪些经验转化成为“附件”，以增加机器的能力。

比如：

- 出现什么情况的时候，就需要停止机器？——需要管理者明确产品的标准，明确加工的具体工艺。
- 哪些现象是出现异常的“前兆”？——需要管理者明确设备操作规范、维护手册等具体要求。
- 将自己的哪些经验转化成为“附件”，以增加机器的能力？——需要管理者协助操作者完成更深层次的思考（比如通过增加挡板防止工件滑落、通过设置标尺简化操作中反复确认尺寸的方法等——作者注）。

为什么管理者要这样做？在什么情况下操作者会更加配合？为持续发现更有价值的问题，需要管理者和操作者不断学习什么？……这一系列的问题，都将在推进“自働化”的努力过程中出现。要相对顺利地解决这些问题，就必须针对管理方式、管理者的思维以及相关的制度安排展开工作。

用现象描述概念

自働化就是让设备具有“人的智慧”。与其说是“人的智慧”，不如说“通过调整制度和明确标准来体现人的智慧”更准确。

当出现问题和意外的时候，在第一时间就会被发现，并停止相同的操作方法，避免继续生产出不良的产品。接下来就是分析和解决问题，周而复始地完成这种循环的结果，就是最终使“意外和问题”得到终结，使之不再继续下去。

在企业管理的各项具体活动中，存在着许多概念，如问题、责任、执行力等。很多企业在日常工作中往往直接使用这些概念进行管理，结果造成了更多深层次的问题。因为每个人对“问题”、“责任”、“执行力”等概念的理解是不同的，因此在工作中采取的标准也相去甚远。

当概念可以通过具体的现象来说明时，很多问题就更容易说清楚了。比如：“机器停止了”这样的现象说明在某环节出了问题；以后“没有因为相同原因停止”这一现象说明了问题已经排除，即因为责任已经落实；“每一台设备、每一位操作者每年停止的次数”和“其中的原因”等现象，可以说明执行力是否在提高。

在推进自働化的过程中，这种用现象说明概念的工作将得到迅速的发展，将逐步做到用一系列的现象说明某一个概念——也就是为这个概念在具体工作中明确了一系列具体的标准。

用眼睛监督被管理者的时代已经过去

稍有管理常识的人都知道，用眼睛监督被管理者的时代早已过去，由此就对企业工作的每一个环节提出了新的要求——操作者本人是不是能够及时发现问题，其管理者是不是帮助他明确了发现问题的标准和解决问题的依据。

在瞬息万变的战场上，指挥官无法具体地指导每一位战士的射击、投弹、翻滚等一系列战术动作，也没有能力对他们的生命做出任何承诺。指挥官所能做的，就是在平时的训练中告诉他们什么是危险，怎样做可以保全自己，消灭敌人。自働化就相当于这方面的训练。

在现场，管理者需要让每一名操作者知道：出现什么情况（或者有什么样的声音）表明设备出现异常；刀具使用到什么程度就需要更换；原材料必须满足哪些指标；针对产品品质的检测都需要哪些步骤……这样，每一个人都可以主动发现问题。而企业则需要对所有的人进行系统的培训，并让他们掌握大量的发现问题的手段。

为什么要花如此大量的精力做这些事情呢?

在实际生产过程中，可能会发生各种情况：设备故障、需要重新返工不良产品、预测上的误差、出勤情况的变化、人员的流动以及各种各样行政事务上的失误等，这些都会造成对原计划的不断调整，甚至需要进行频繁的调整。

管理首先必须针对“意外”本身

如果将泰勒在1911年出版的《科学管理原理》作为管理学诞生标志的话，管理学至今已发展了近百年，管理的理论和实践都已取得了巨大的发展。以“××管理”命名的词汇也变得越来越多，如生产管理、品质管理、成本管理、交货期管理、采购管理、时间管理、人员管理……

如果用“××管理”的形式概括丰田生产方式的话，答案一定是“问题管理”，也可以叫“异常管理”。其内容就是：设定标准的管理+描述实际与标准之间差异的管理+逐步消除相关差异的管理。

某一个操作出现了“意外”，很多企业首先会责罚当事人：“怎么这么不小心”、“下次不要再出现了”、“需要罚款50元”。

但丰田公司在遇到“意外”时却首先针对“意外”本身发问：“这是第几次出现”、“上一次的措施这一次没有见效的原因是什么”、“需要增加或调整哪些工具和设备”、“集中训练哪些操作动作可以有效改善相关的熟练度和准确度”……

本章第一节强调了“看板”的概念，“不能少，更不能多”的观点同样可以延伸到自働化的层面：如果缺少了针对“意外”

本身的信息，同时又增加了很多与之并不相关的信息，那么当事人则很容易让意外“溜走”。

为每一个“问题”设定标准，从而提高每一位当事人发现和解决问题的能力，可以说这就是推进自働化的本质所在。

大野耐一的比喻

大野耐一在其所著的《丰田生产方式》一书中这样评价“准时化”和“自働化”之间的关系：

- “准时化”和“自働化”是丰田生产方式的两大支柱。
- 如果用棒球比赛来打比方的话，那么准时化就相当于团队协作，也就是通过团队密切而巧妙地配合，将其实力发挥到极致。而自働化则是要求每一位选手的个人技术要越来越高超，并且进一步使得团队的整体实力在个人技术提高的基础上得到更充分的体现。
- 准时化可以让问题明确化，自働化可以让解决问题的努力更有效。

怎样做到“没有意外”

消费者越来越苛刻；市场的变化更不需要什么理由；技术在不断进步；产品需要持续更新；人员也在不停地流动；竞争对手更是随时在变……在这样的背景下，期待工作进入一个“没有意外”的状态是完全不现实的。

“下一次不再出现相同的意外”，要做到这一点也非常不容易，因为这实际上是在要求操作者和相关管理者做到以下几个方面：

- 从现象中剥离出问题。
- 摆脱自己的情绪，完成对问题的分析。
- 在现有的条件下（而不是额外要求不实际的资源）为解决问题提供具体的方法。

由此可见，推动自働化的目的，其实是帮助更多的人提高发现问题和解决问题的能力。

丰田的“三助”

丰田公司意识到，“完全消除”各类意外是非常困难的。于是公司决定通过实现“三助”，首先消除某些不应该有的意外。

“三助”分别是：

- 自助——在每一个岗位上针对具体操作的自我帮助。
- 互助——在每一个小组、每一种配合中的互相帮助。
- 公助——基于车间层面以及企业层面调整的互相帮助。

“三助”不仅仅是提出相互协作的口号，更大的作用是“三助”对“问题”的重要程度进行了分类：什么是在自助层面上解决的问题；通过互助能够解决哪些问题；什么问题必须借助公助层面上的努力来实现缓解。自然，在公助层面上必须定期解决的重大问题也就一目了然了。

目视管理

大野耐一认为，在车间里实现目视管理至少需要做到以下几点：

- 完成车间内设备、被加工物、加工工艺、在库状态、搬运操作等一系列内容的罗列，通过各类相关的看板逐一清晰地表示出来。
- 不断完善生产指令方面的看板：现在正在加工什么；接下来将要加工什么；现在生产线整体或是单台设备的负载情况如何（多了还是少了）；是否需要加班……这些信息要越来越准确和及时。
- 不断完善生产工艺方面的看板：加工的具体循环时间；每一项具体操作动作的顺序和要领；标准手持量……这些信息要越来越系统和准确。
- 设置停止的“警报”。不论是生产线整体，还是单台设备，诸多生产要素的某一环出现问题，造成不良品时，就立刻停止并发出“警报”（也就是andon——作者注）。

上述工作让丰田生产方式的各类问题“一目了然”，原因就在于：准确地界定了什么是正常情况，如果实际情况与“正常情况”产生差异，就进入“异常管理”的状态——由相关的管理者及时介入，解决具体的问题。

自働化所追求的目标

帮助更多的人提高发现问题和解决问题的能力，当然不是一件容易的事情，因此就需要换一种方式，具体描述出理想状态，也就是推进自働化的努力要追求什么样的目标。

自働化要追求什么样的目标？很多人从不同的角度给出过很多描述。大野耐一所罗列的主要内容有：“明确问题”、“为问题得到顺利的解决创造条件”、“确保产品和工作的品质”、“提高对改善必要性的理解”、“持续挑战更高标准”、“围绕‘异常’实施有效管理”……

推进自働化需要考虑的问题

与推进准时化生产的过程一样，推进自働化也是一个非常艰苦的过程。

大野耐一认为，在这个过程中至少需要考虑下列问题：何时以何种方式停止生产线、目视管理、实现自働化的工作逻辑（也就是推导责任的顺序）、定义问题的标准、消除故障的方法、从根本上解决问题的方法、返修不良品的方法……

如果说准时化可以让问题变得更加明确，那么自働化则可以让解决问题的努力更富效果。

转变传统的思维

举一个相关书籍中最常使用的例子：在几十年前的美国和现在的中国，如果走进某一企业的加工车间，你会发现他们是按照设备的种类来布局整个车间的。比如说，这片厂房中都是车床，那一个车间里都是磨床。这是一种传统的管理思维：在一种操作完成之后，将半成品移送到另一个工序，随之完成另外一种操作。这样做的结果是：在当前一种操作生产出来的 100 件或 1000 件半成品转移到后一道工序的时候，如果发生问题，那么影响将非常巨大，很有可能要对成百上千件加工物进行返工，甚至是完全报废。

几十年前的丰田公司提出的口号，就是要让这样的传统思维转变为“一个一个地加工”的思维。换句话说，公司让原本只会操作车床的工人，还要去操作磨床、刨床，甚至是承担焊接工作。通过几年的努力，丰田公司的操作者已经可以一个人操作多台设备。最早，他们是把设备“一字”排开，这样的排列造成距离过长，为了压缩人们走动的时间，后来就变成了“等号形”，也就是一个工人的身体两侧都有设备，再后来是“U”字形，直至发展到“口”字形。

发现问题的“竞赛”

这个过程就是让操作者针对一套设备不断总结操作中的规律，同时发现操作中的问题，在实现“自働化”之后就再增加一台设备，等到能够实现“自働化”之后，就再增加一台设备。

于是就出现了这样的局面：操作者的思想伴随着经验的增长而越发成熟，发现问题的能力越来越强。于是这种自下而上的发现问题的“竞赛”也就开始了。

想一想，如果一个企业，从管理者到被管理者，都能够成为问题的发现者和解决者，这个企业的竞争力能够不提高吗?!

准时化与自働化

这就是自働化！——让每一个人提高自己的水平，整个团队也会因为每一位选手的高超技艺，相互之间的配合变得更加默契，战法也更加成熟和丰富起来。当然，由此带来的结果就是：比赛的成绩越来越好，也就是企业的经营业绩越来越优异。

由此可见，提升“自働化”所指的对象不是设备，甚至不是使用设备的人，而是问题。因为提升“自働化”所指的对象是问题，所以也就需要将工作延伸至管理者的思维层面和制度安排层面加以系统的思考。

结　论

因为管理必须针对“意外”本身，因为直接用眼睛监督被管理者的时代已经过去，所以需要一种方法体系，以帮助每一位企业成员学会思考。

当企业通过推进准时化生产发现了大量的问题之后，也就产生了新的需求——怎样帮助每一位企业成员提高解决问题的能力。

自働化思想的诞生和发展，就是在上述大背景下产生的。因此，它与设备本身没有什么关系，而是直接针对问题的管理体系。

这样的管理体系所强调的是持续改进管理方式，并植根于“不能少，但更不能多”的看板管理的理念，聚焦于管理者的思维以及相关的制度安排。

第五节　管理者的服务意识在哪里——标准作业

《岗位说明书》与标准作业之间最大的区别就是“是否包含作业成果标准的内容”。

标准作业不仅仅包含针对作业成果的标准描述，更是一系列富有针对性的指令的集合。

编写标准作业，与其说是管理者向操作者提出了更加明确的要求，不如说是管理者为操作者提供了更直接的服务。

只有在精细化的指令下，才有可能完成精细化的操作——如果不编写相应的标准作业，就永远难以期待“精细化操作”的出现。

标准作业的编写格式本身就能起到帮助相关人员提高思维质量的作用。

对标准作业的误解

每当我向企业提出“你们有没有标准作业”这一问题的时

候，很容易得到“我们有标准作业”的答案。而实际情况是，包括一些咨询企业在内的绝大多数国内企业都会将岗位说明书以及一系列的制度、流程等当成“标准作业”。

然而，这种做法是错误的，岗位说明书不等于标准作业。

在说明什么是真正的“标准作业”之前，我们先来认识一下“标准作业”的前身“作业标准”。

“作业标准”是对工作成果的具体要求。这里的具体要求包括：

- 到底需要多少时间（是 10 分钟还是 3 分 15 秒）。
- 成果中包含几个客观的指标。
- 使用什么样的工具（用扳手还是改锥拧紧螺栓）等服务于具体操作的方法说明。

砌砖的案例

在这一领域里，西方国家早在 100 年前就开始了系统的研究，其中最著名的就是泰勒时代的疲劳曲线研究、照明研究、动作合理性研究。

《科学管理原理》一书中有一个广为流传的改善砌砖的案例，它是该领域中的典范。管理者通过系统的观察，将砌砖工作归纳为 20 多个具体的操作动作，之后合并了一些操作，删除了一些操作，将删除的操作分配给没有砌砖技能的“小工”。经过这样一番“改造”，一个具有砌砖技能的工人每天的产能提高了 3 倍。

通过这个案例，《科学管理原理》一书的作者向大家证明：绝大多数自然而然形成的操作方法和习惯，都或多或少地缺乏科学的依据，同时也展示了通过科学的分析、合并、删除等一系列的改造，不论品质、成本还是产能，都将有大幅度的改善。

岗位说明书不等于作业标准

标准作业与岗位说明书的最大区别就在于："标准作业"是用具体的工具名称、详细的精确到秒的时间以及一系列数字和涵盖了布局、间隔、高度等各类难以用语言准确描述的示图等作为其主要内容。而"岗位说明书"往往是用一些难以量化的概念如工作、质量、方向、检查、成本、信息等作为其主要的内容。

案例

实践中的丰田生产方式

我们可以举一个简单的例子来说明两者间巨大的差异。那一年我去丰田工机参观，去之前他们寄给了我一张地图，是从车站到第一个我要参观的厂区的路线图。因为有了这张图，我没有走任何冤枉路。令我惊讶的是，接待人员和我寒暄几句之后，就直接问道："您收到我们的地图了吧？"我说："是。""您有没有走冤枉路呢？"我说："没有，没有。"因为在那张图上不仅标注了需要拐弯的路口，而且标注了拐弯处的标志性建筑，甚至标注了每一段路程步行大致需要的时间。

可以这样理解这一做法的原则：针对一项工作提供指导，以帮助操作者避免不应遇到的问题。

下面对比一下国内的企业。当有公司外的人员来公司的时候，不同的人会有不同的说明方法，不但没有提供准确详细的地图，更不会根据来访者的情况（是步行，还是开车，或是搭乘公交车）给出不同的指示方式。

由以上案例可以看到，标准作业必须是非常具体的，不允许因随意而产生歧义，而岗位说明或者其他的制度和流程在这一点上是无法和标准作业相比的。

责任意识与标准作业

每一项工作都需要完成一系列具体的操作。要做到对这些操作进行指导，单纯使用概念是无法实现的，需要的是像提供地图一样提供详细具体的指导，例如：走多远向左转，再走多远向右转，看到××标志时应左转……

从这个意义上讲，要彻底贯彻标准作业，需要以“责任意识”作为基础，需要企业员工对自己“做成了什么”提出具体而明确的要求，需要企业管理者标注出曾经出现的问题以避免重犯类似的错误，需要将有效的经验广泛推广，以节省其他人学习和思考的时间。

有没有“作业标准”是关键

前文已经提到，标准作业的前身是作业标准，所谓作业标准就是对工作成果的具体要求，如进刀的角度、采用什么型号的钻头、打孔的位置等。

这样也就很容易区分“岗位说明”和“作业标准”了——只要看其中是否包含了“作业标准”的内容。

标准作业三要素

能不能编制出标准作业，直接影响管理的最终效果。只有了解标准作业包含哪些核心要素，才能编制出标准作业。日本能率协会给出的标准作业三要素是：

- 操作的循环时间。
- 作业顺序（作业手顺）。

- 标准手持量。

操作时间最短化

在本章的其他内容中，多次提到“影子”的问题。从丰田生产方式看，成本、品质等一切涉及企业经营管理的问题，都是方法的“影子”。

只要提到方法，人们就会联想到问题和效率。丰田生产方式就是通过提出更严格的时间要求，将“效率”具体化（也就是“分钟化”，甚至“秒化”），另一方面借助提高效率要求，帮助当事人发现不曾注意到的问题。

显然，当提出了“操作时间最短化”的要求后，每一个相关的责任人就必须寻找新的方法。为避免误解，丰田生产方式反复强调：“操作时间最短化”必须针对完整的操作，也就是不能为缩短某一个操作，而增加其他操作的难度，该环节操作时间的缩短不能以完整操作时间的延长为代价。

作业要领书

任何一项工作首先都会涉及“作业顺序”的问题——先干什么，后干什么，为此要先准备什么，随后检查和确认什么。

“作业顺序”首先要求编写标准作业的人弄清楚“作业顺序”的问题。编写标准作业的人必须根据每步具体的操作内容给出“操作的要领”——在“作业顺序”和“作业具体内容”的旁边注明要领。

通常可以看到的操作要领有：“必须用左手紧紧按住工件”、“不能用手直接触碰”、“公差范围是 33.45～33.47 毫米”、“在装箱时必须保证 A 面向上”等。

作业指导书与标准作业票

在我国的企业中，常常可以听到管理者这样说："这事我跟他说了不知道多少遍了！""操作规程就在他眼前挂着呢!""怎么做的方法，我反反复复给他做过很多次示范。"……

想一想我们的父母和老师曾经给自己讲过多少次道理，手把手教过自己多少次演算的方法，可结果一定是我们在高考中取得令人满意的成绩吗？两者间显然没有一一对应的关系。

帮助操作者掌握一项技能，促使其工作成果完全满足企业要求，这些事情也不是管理者说几次、示范几次就可以轻松实现的。

因为丰田生产方式明白这些道理，所以在梳理"作业顺序"问题的时候，特别加入了"作业指导书"与"标准作业票"。

作业指导书就是指导者在给操作者讲解和示范时必须遵守的基准。依照作业指导书，指导者对操作者讲解和示范，必须建立在连贯性、针对性的基础上，还必须针对操作者尝试的结果给出直接的评价——哪里符合要求，哪里还存在欠缺等。

标准作业票就是在文字（口头）说明的基础上，通过图表等多种手段，帮助操作者看到自己所要完成操作的全部内容——哪里是起点，哪里是终点，准备的要点是什么，事后的总结必须包含哪些内容，最初的3个月要解决哪些问题（也就是不能让哪些问题出现），随后的3个月需要关注哪些问题……

标准手持量

在一项具体的操作（或者加工工艺）中，标准手持量必须明确：操作者到底需要哪些工具和设备，到底可以同时处理多少个被加工物。

明确标准手持量的作用是可以更加科学地规划工位和工艺。比如在设定生产定额的时候，就要考虑到单个被加工物的尺寸和重量，因为这些因素直接影响到操作者的产能。

在某些特定的条件下，标准手持量还可以帮助管理者看到制约操作者产能的各种因素，比如：在需要操作者为设备添加润滑油的日子里，当增加了操作者自己检查产品品质的环节之后，如果增加了设备的转速，操作者的产能分别会受到怎样的影响。

标准作业是要求，更是服务

通过“作业时间最短化”、“作业要领书”、“作业指导书与标准作业票”、“标准手持量”等内容的讲解，相信更多的人就可以清楚地看出：编写标准作业，不仅仅是管理者向操作者提出了更加明确的要求，更是管理者为操作者提供了更直接的服务。

只有在精细化的指令下，才有可能完成精细化的操作。如果没有相应的标准作业，期待出现“精细化操作”的愿望恐怕永远也难以实现。

从作业改善到设备改善

如果标准作业不能服务于作业的改善，就说明标准作业失去了其存在的意义；如果作业改善的结果难以延伸到设备改善，就说明作业改善进行得还不够彻底。

请注意，这里的“设备改善”不是指那些需要花费巨资完成的设备改造，而是花费很小、收益很大的设备改善。相关的案例请关注本书第三章的内容。

别用“忙”掩盖难以启齿的事实

当每一次向企业介绍“标准作业”的时候，总会遇到一些困难，很多人会说：“这么麻烦，什么时候才能写完呢？”“每天忙得脚踢屁股，哪有时间写它呢？”……

但其实如果仔细回顾一下自己每天都忙了什么，认真分析一下这一次和上一次“忙”的到底有什么不同，我们会发现：“自己总忙不到点上”、“每次的忙都因为一些很类似的小问题”、“让自己全面系统地描述出对下属的要求，其实很困难”……

想一想，这个状态的“忙”会带来什么呢？

- 如果连自己都忙不到点上，让比自己收入低、经验差的下属“忙出效益”，该有多不容易。
- 对于经常出现的十分类似的小问题，自己都找不到彻底解决的好办法，却要求下属拿出方案，该有多么勉强。
- 自己都很难全面系统地描述好下属的工作，要求他们自己完成全面系统的描述，该有多么不现实。

因此，如果管理者没有时间编写标准作业，就更需要完成去反思，就更需要通过编写标准作业让自己首先提高对于工作的认识，就更需要首先为自己的工作编写标准作业（而不是首先为下属编写）。

标准作业所具有的灵活性

万事开头难，编写标准作业的工作也是这样。

在第一次编写标准作业的时候，不必要求自己写得多么完整、多么正确。其实，只要开始编写标准作业就会马上发现问题——有些问题是被自己一直忽略的，对于一些环节而言自己的经验还显得有些不足，等等。

通过上述努力，即使没能编写出标准作业，至少也有了一个罗列问题的框架和一个总结自己工作的格式。有了这样的框架和格式，也就方便了随后的思考和补充。

当有了第一份具有指导意义的标准作业之后，其后的工作就会变得非常顺利，甚至有很多具体的内容都可以彼此借鉴。

随着编写的标准作业的增多，我们就会发现“标准作业所具有的灵活性”。在不同的标准作业之间，可以根据实际情况的变化，迅速完成调整和重新组合——真正进入“用准确的预测证明经验价值”的理想的工作状态。

标准作业的精髓

标准作业的精髓就是为处在不同工作上的所有员工提供这样一种机会和一种比较的标准：

- 让他们对工作的成果有更清晰的认识，从而提高自己对于工作品质本身的要求。
- 使他们有更多的机会发现自己和他人在工作中的类似问题，从而获得一种更有效积累自身工作经验的方法，获得一种提高工作经验本身价值的方法。

在很多企业中，如果员工每周都能针对自己的工作进行总结，清晰地针对自己“做了什么”、“做成了什么”、“遇到了哪些问题”、“思考了哪些对策”等逐一给出统计的话，应该说已经是非常优秀的了。

然而，从标准作业的角度来看，仅仅做到这一点是不够的，还需要进一步对其中每一项工作进行更详细的数值上的比较，以使当事人的领导更容易发现问题，从而使得当事人更有机会获得及时的提示和帮助。

以我们曾经服务于A公司的小赵为例，她对自己每一项工作的起止时间进行了标注，这样做，不仅让自己有机会反思工作顺序上的问题，同时也可以让她的领导迅速地看到：小赵的工作顺序和自己所期待的顺序在哪些方面有差别。小赵还可以和领导针对工作顺序问题展开讨论，有了明确的比较，双方的讨论将更有针对性。

反过来看，如果小赵的总结仅仅罗列出所做的工作内容，而没有进一步附加相关的数据，刚才所说的讨论就不可能顺利地完成，而工作顺序上的问题也就只有通过错误的结果发现，而不可能预先检查出来。

作业写真

作业写真就是为工作“照相”和“摄像”。通过为工作“照相”和“摄像”，管理者和当事人都可以得到非常直接的启发和帮助。

以上面提到的小赵为例，在为自己的工作“照相”和“摄像”之后，小赵就更清楚自己工作的时间主要花费在哪些事情上面，自己多从事哪些工作将全面提升自己的工作价值等。

小赵可以通过对自己的工作进行“照相”和“摄像”，完成对自己工作价值的具体分类。每天、每周、每月都在做什么，其中哪些工作属于“做完了”？哪些工作属于“做成了”？哪些工作属于“做好了”？

- 所谓“做完了”是指有结果，而不是半途而废。
- 所谓“做成了”是指有效益，而不是仅仅支付了成本，收获了教训。
- 所谓“做好了”是指可以举一反三，可以形成规范和经验，而不仅仅是一次的收益。

人的进步与工作本身的进步

企业的经营实践反复证明了这样一条铁的规律：没有人的进步，就很难有工作的进步。如果将这个问题反过来看——如果没有工作的进步，人的进步从哪里来，又用什么加以证明呢？

通过编写标准作业的工作，通过标准作业具体内容的变迁，我们可以清晰地看到工作进步的轨迹，同时也可以直接帮助相关人员的进步。

在调整编写标准作业的具体格式的过程中，相关人员会直接感觉到自己的思维正在发生巨大的变化：关注的问题不同了，分析问题的角度不同了，认识问题与问题之间关系的能力提高了。

结　论

有意使用“岗位说明书”代替标准作业，往往不是说明管理者在逃避责任，就是说明管理者缺乏相关的经验。换句话讲，没有能力用标准作业归纳出对工作的要求的管理者，有必要认真地反思一下自身的工作。

那些对实际操作具有指导意义的标准作业，是管理者“用准确的预测验证自身经验价值”的最好手段。甚至仅仅是调整标准作业的编写格式本身，都能起到帮助当事人提高思维质量的作用。

要求管理者编写标准作业，或者指导编写标准作业，非常有助于企业转变管理者的工作作风。因为，编写标准作业，与其说是管理者向操作者提出了更加明确的要求，不如说是管理者为操作者提供了更直接的服务。

编写标准作业的工作，既是企业提高管理水平的手段，也可以成为企业提高管理水平的证明。因为通过编写标准作业，将有效提高指令的精细化程度，从而直接帮助完成精细化的操作。

第六节　科学发展的“企业魂”——提案制度

实现进步需要努力，更需要思考。建立提案制度的目的就在于通过帮助和奖励，让更多的人更愿意努力，更愿意思考。

因此，针对什么样的行为而不仅仅是针对什么样的结果进行奖励，便成为提案制度首先要思考的问题。

有没有提案制度，标志着管理者对企业进步肩负着怎样的责任。

通过提案制度，针对具体工作和如何解决问题，管理者和被管理者可以完成最具建设性的有效沟通。

提案中有没有持续的、越来越有质量的“命题提案”，将直接影响提案制度自身的生命力。

提案制度产生的背景

在市场竞争越来越激烈的未来，企业将处于新的竞争环境：如果企业里的员工不能更多地用智力为企业做出贡献的话，那么企业的生存和发展将面临着严重的危机。

这意味着，企业必须拿出更加科学的程序和制度，让更多的员工有机会用自己的智慧而不是单纯的体力为企业的发展做出贡献。在这种背景下，提案制度便诞生了。

在工作中培养思考的习惯

唯一不变的就是“一直变下去”！

面对越来越快的变化，企业该怎么办？怎样在不断的变化中，在随时可能出现“意外”的背景下，实现预期的成果？答案恐怕只有努力和思考。

怎样帮助更多的人，让他们更愿意努力呢？只有让他们的努力取得预期的效果，他们才更愿意继续努力。而要想让自己的努力取得预期的效果，他们就必须思考。

怎样帮助更多的人，让他们更愿意思考呢？只有让他们的思考取得富有价值的答案，从而让他们的努力取得预期的效果，他们才更愿意继续思考。

这种不断发现问题、不断解决问题的循环，恰恰是工作所需要的。建立提案制度的目的就是让人们在工作中培养思考的习惯，并通过思考的习惯不断发现问题、不断解决问题。

怎样面对暂时没有答案的问题

虽然说，“对问题的认识，只有在实践中才能逐步加深”，但如果实践的针对性不高，那么也难以加深对特定问题的认识。比如针对“无库存管理”问题的认识，如果仅仅盯在“仓库的管理”上，相信再实践20年恐怕也难以确立“无库存管理”。

可见，大野耐一提出“无库存管理”构想的具体方式，对于最终能不能确立“无库存管理”至关重要。提案制度就是这样一种保护构想、鼓励构想、催生构想的制度，即使某些提案暂时没有答案，即使某些提案甚至难以想象出其与答案之间的联系，都会得到制度上的保护。

面对丰田公司已经确立的“无库存管理”，很多企业和学者在研究的时候还会出现这样或那样的误读，想象一下最初涉及“无库存管理”的各类提案吧——有很多恐怕都属于“暂时没有答案”和“难以想象出提案与答案之间的联系”之类，相信如果没有制度保护这些努力、保护这些思考，人们今天也就看不到

"无库存管理"的奇迹了。

提案制度不同于简单的"意见箱"

在导入提案制度的过程中，我们国家的绝大多数企业往往是在厂区的不同地方放上许多意见箱、建议箱，有厂长意见箱、总经理意见箱等。

有些企业还拿出了专项基金，用来奖励合理化建议的提出者。然而，所有的这些做法似乎都没有达到企业预期的效果，或者说采用这种方式导入提案制度的企业，并没有从中所获得直接的实惠，这是为什么呢？

系统思考下列问题，相信人们会得出答案：

- 通过提案制度企业要改变什么（也就是说要获得哪些具体的进步）。
- 怎样获得更多的提案（也就是让更多的人参与提案）。
- 怎样获得更有价值的提案（也就是让更多的人学会思考，掌握提高提案质量的具体方法）。
- 怎样面对暂时没有答案的问题。
- 当出现大量提案时该怎样处理。
- 管理者在最初阶段需要做些什么。
- 为提高提案质量，管理者需要做些什么。

导入提案制度前的工作

要想成功导入提案制度，管理者要提前完成大量的准备工作。

首先就是管理者自己必须做出成功的、有头有尾的提案，也就是做出具有示范性质的提案。虽说要保护"暂时没有答案"的提案，但是在导入提案制度的最初几个月里并不适用这一点，特别是针对“在导入提案制度之前，由管理者自己首先提出的提案”，更不适用这一点。

在导入提案制度的最初几个月里，管理者还要将提案分为“命题提案”和“自由提案”两类。“命题提案”更多的是分配给不同层面上的管理者或者骨干，而“自由提案”更多的是鼓励更多的员工参与。

其实，能不能发现有价值的“命题提案”和“自由提案”，是对管理者针对问题的思考质量的极大挑战。从根本上讲，提案制度挑战的是管理者的问题思维——如果管理者眼中没有问题，脑中没有解决问题的方法，企业就不可能建立起真正意义上的提案制度。

哪些提案需要限制

虽然提案制度中需要“自由提案”的部分，但还需要针对特定的内容加以限制。

首先，要限制涉及分配的问题。在涉及分配问题时如果允许“自由讨论”，其结果往往是谁都不满意自己的待遇。其次，要限制涉及人事安排的问题。在涉及人事安排的问题上如果允许“自由讨论”，其结果往往是谁都不满意自己的领导。

涉及分配的问题和涉及人事安排的问题，不是不能讨论，而是不能作为一般的议题在提案制度中不加限制地“自由讨论”。

思考提案的时间从哪里来

很多企业在要求建立提案制度的时候，管理者往往用“忙”作为借口拒绝或拖延。辨别这类借口的方法其实很简单——让相关的管理者罗列出他们上个月都忙了些什么、下个月准备忙些什么之后，企业就会发现，这些管理者难以写出具体的、富有价值的内容。

当管理者不知道自己在忙什么、不知道自己该忙些什么的时候，不正说明管理者工作的盲目性吗？不正说明这样的管理者需要首先梳理自己的工作思路吗？

简单统计后就会发现，这样的管理者在绝大多数的时间里难以完成有针对性的工作，他们充其量是在“用记忆代替思考”。所以，这样的管理者其实更需要提案制度，而且第一个提案就是针对他们的时间管理——首先去除那些不必要的、没有针对性的工作内容。

管理者的日常工作方式是关键

从利益关系的角度看，提案制度是让员工更多用智慧为企业进步做出贡献的制度；从作用机制的角度看，提案制度是帮助和鼓励员工思考的工具；从日常工作的角度看，提案制度是引导和方便员工提出各类合理化建议并完成分类管理的方法。

所以，该项制度的价值并不是体现在意见箱、建议箱的设立上，也不是体现在奖金数量的多少上，而是体现在管理者在日常工作中如何表现出他对企业进步的贡献上。

先为提案者提供培训

推行提案制度的时候，企业首先要做的一件事情就是培训：

1. 告诉员工在工作中出现什么样的现象就表明出现了问题。
2. 出现什么样的工作结果是被市场所需要和认可的。
3. 在提案中怎样描述现象，怎样控制情绪……

在此基础上，企业还需要教育员工：在日常工作中如何思考更有价值的问题，怎样从他人的提案中获得启发，等等。

与此同时，企业还要持续推进“标准作业”的工程，只有这样才能使得更多的员工能够针对一些具体的项目进行思考，并提出合理化建议。

我们有些企业的做法却不是这样。这些企业仅仅要求员工去思考诸如“怎样压缩成本”、“怎样提高品质”、“怎样使企业获利”等问题。其实所有这些仅仅是貌似问题的“概念”，而不是真正的问题，因为所有的企业都需要思考这样的“问题”。

如果企业向普通员工提出这样的“问题”，那么员工永远都不能给出富有价值的提案。反过来说，如果企业仅向普通员工提出这样的“问题”，员工就能给出富有价值的答案，那么企业还需要管理者吗?

“先多后少”是没有经验的体现

有些企业在设计提案制度时，担心一开始会有很多的提案，随着时间的推延，提案会越来越少。其实这样的担心只是“没有经验”的体现。

实际情况是，在推进提案制度的最初阶段，员工不知道怎样提出提案，甚至眼中没有问题，脑中没有解决问题的方法，所以提案的数量会很少，质量也不会太高。

甚至有的时候员工会担心“我提出这样的提案会不会得罪谁”，或者“我的提案会不会看上去很傻、很幼稚”，也会有类似“就给我这么点儿钱，还让我想问题，凭什么”，“企业有了更多改善的提案，一个人能做更多的工作了，是不是自己的岗位也不稳定了”之类的顾虑。

因此，在设计和推进提案制度的最初阶段，完全不用担心“提案一下子很多的话怎么办”、“以后提案越来越少怎么办”等问题。

建立提案制度的初期

企业宣布设立提案制度之前需要汇总并分类问题，并做到以下几点：

1. 不同阶段重视不同侧重的提案。
2. 不同层面重视不同价值的提案。
3. 用不同方式处理不同性质的提案。

在推进提案制度之前，要让一些骨干先接触“提案”的概念，并参与企业的前几个提案的提出过程。这个阶段的侧重点不是获得解决问题的重大突破，而是促使人们开始思考问题。在推进提案制度的最初几周里，一方面要树立一些细节上的榜样，一方面要暴露出一些需要长期努力解决的问题。因为设计如何解决这些重大问题的过程本身，就将因为可以拆分成多个“小问题”而增加参与度，并方便相关管理者做好组织工作。

在推进提案制度的最初阶段，必须针对不同层面的管理者提出尽可能具体的要求，要求他们关注自己的工作，关注自己所负责部门的工作，甚至向他们提出一些“命题提案”。与此同时，要将一些操作层面的细节问题展开，要求其下属或者骨干完成。

在推进提案制度的最初阶段，最重要的事情就是良好的示范和提高参与度，因此不宜单纯强调提案的质量和解决问题的效果，但又不能完全不涉及提案的质量和解决问题的效果。把握这个度的关键就是提前在管理者中选拔出“优秀者”——首先教会他们明确“用不同方式处理不同性质的提案”的具体标准和方法。

分类处理不同的提案

企业中的所有问题其实可以归纳为“结构层面的问题”、“流程层面的问题”、“操作层面的问题”。

操作层面的问题往往体现在日常工作中。这类提案的内容可以更多地集中在以下方面：左右手在配合工作的时候，到底应该用哪只手拿什么东西，是等待加工的半成品，还是工具；设备和设备之间的距离到底应该是几米，才可以既满足加工操作的空间要求，又能够使操作者少走一些路。提出的问题应该详细到螺钉的粗细和长短、怎样进行改良才能缩短拧紧螺丝的操作时间等非常具体的、能够指导接下来如何改进的程度。

流程层面的问题会比较复杂，往往体现在日常工作的各类矛盾中。如果企业没有把握在短时间理顺这些矛盾，在最初阶段可以将这类提案的内容更多地集中在统计问题和分类问题上，也就是说明什么时间产生了哪些矛盾，这些矛盾是怎样相互影响的。比如，在因为交货期推迟所引发的矛盾中，有多少涉及计划，有多少涉及品质，有多少涉及设备，有多少涉及原材料的品质，有多少涉及采购，等等。

结构层面的问题最复杂，其中绝大多数的隐患难以与日常工作具体对应。因此建议企业在最初阶段要在表面上回避这类问题。比如，管理者的能力和责任感的问题，从制度层面很难做出定量的评价，因此可以将其责任感拆分为“能不能多提出一些问题”、“能不能努力保护下属提出问题的热情”等一些直接涉及提案制度的问题。当操作层面的问题和流程层面的问题有一些进展，企业也积累了一些评价经验之后，再设计具体的方案触及“结构层面的问题”，这样做会比较稳妥和有效。

最大限度保护参与者的积极性

当一个企业中的绝大多数员工被发动起来，使得企业在很短的时间里持续获得大量的提案时，才是提案制度真正面临挑战的时候。此时的管理者是否有能力引导提案者提高提案质量，是否有能力及时处理这些提案，并努力完成具体的落实工作，就显得尤为关键了。

不能处理和落实这些提案将会大大损害员工进一步提出合理化建议的热情，甚至使得提案制度的第一阶段工作（也就是发动员工参与、培养员工思考）的效果功亏一篑。

企业可以出台一系列保护参与者积极性的措施，但最有效的方法就是加强针对管理者的培训——只有他们的思考能力提高了，能够让更多的参与者从自己的提案中获益，也就是通过持续改善工作方法，在改善企业效益的同时增加自己的收入，才能从根本上保护参与者的积极性。

特别需要注意的是，在保护参与者积极性的措施中，必须设计出保护骨干参与者积极性的措施！只要还有骨干持续地提出有价值的提案，企业通过推进提案制度就会看到越来越大的希望。

在提案数量增加后

企业每天的工作涉及方方面面。因此在每一天的工作中，员工根据自己的理解所提出的建议，也将是方方面面、形形色色的。

作为管理者，如何进行快速阅读并找到症结所在，如何参与员工之间的讨论并将新方法落实到流程和制度中去，就变成了一项非常繁重的工作。如果处理得不好，甚至可能使管理者无法完成正常的日常工作。

这就是强调“提案的日常管理”的原因所在。可以这样讲，从“提案的日常管理”中可以非常直接地体现出企业工作体系的科学性，体现出企业的管理水平，体现出日常工作的规范程度，体现出管理者工作方法是否有效。所有这一切内容，最终将归结于“标准作业”。

提案制度与标准作业的互动

没有提案制度的成功，我们就无法想像标准作业会取得成功。因为标准作业涉及企业工作的方方面面，内容多且杂，并需要在不断的变化中完成调整。因此，没有绝大多数员工的参与，没有以贡献自己的智慧作为前提，持续推进标准作业的工作是不可能成功的。

没有标准作业的成功，我们也无法想像提案制度会取得成功。要求现场操作人员设计出更加科学的流程，很可能属于不切实际的幻想。但如果要求他针对“如何缩短拧紧螺丝的操作时间”给出建议的话，很可能会得到答案。因此，如果要让更多的员工针对自己熟悉的工作提出建议，推进标准作业的工作就是最佳的选择。

如何在提案制度与标准作业之间建立起良好的互动，如何让这种互动发挥最大的作用——在增加提案的数量和质量的同时不断完善标准作业；在完善标准作业的过程中启发更多“更直接”和“更有价值”的思考，就是管理者的责任所在。

什么是有价值的提案

必须强调的一点就是，“有价值的提案”本身没有固定的标准——在没有人给出提案的时候，任何提案都是有价值的；如果某类问题还没有人触及，任何触及这类问题的提案都是有价值的……

在一定程度上指出“有价值的提案”的标准，将帮助提案者进行更有针对性的思考，如启发自己和他人思考的提案、澄清现象的提案、有助于控制情绪的提案、针对自己工作如何改进的提案等都属于“有价值”的范畴。

与此相反，“没有价值的提案”包括以下一些：反驳他人提案；在没有澄清现象之前就给出答案，或者试图给出答案的提案；仅仅向他人提出要求的提案；仅仅针对自己工作没有做好的原因给出提案（这类提案往往不是找借口，就是做一些没有实际意义的检讨，甚至会指责系统不科学）；等等。

没有结论的提案

提案必须有结论！所谓结论，就是具体到接下来怎么说、怎么做的层面，明确到底哪些说的内容和做的内容和以前“不一样”了。

只有一种情况，可以有条件地容忍“没有结论的提案”，这就是第一次触及某类问题。因为是第一次，因为没有相关的参考，因为要保护提案者的积极性，所以可以在第一次容忍仅仅暴露问题的“没有结论的提案”。

从第二次开始，所有的提案都必须给出结论。但这并不意味着必须给出“完全正确的结论”，甚至并不意味着必须给出“正确的结论”。这不仅仅是因为要保护提案者的积极性，更是因为人们的认识是在实践中不断提高的——只要在怎么说、怎么做的层面给出结论，不论正确与否，都将成为下一步实践的指导，也必将成为下一次提案内容的参考。

其实提案制度的价值就在于这样的循环：找出问题，给出不一定正确的答案，在实践中不断提高方法的有效性，最终使所有的参与者开始习惯思考，开始关注自己的思维质量。

不断提高提案质量

通过区分现象、情绪、问题、方法之间的关系，通过在怎么说、怎么做的层面不断完成有效的沟通，就可以不断提高提案质量。当然，要持续提高提案质量，还必须随时落实提案的内容，也就是实现与标准作业的良好互动——当越来越多的操作在“标准作业”的要求下被规范时，提案的针对性就会得到大幅度的提高，其结果自然也就是提案质量的提高。

提案与岗位职责

提案制度的价值最终将体现在使所有的参与者开始习惯思考，开始关注自己的思维质量。而衡量这个价值的标准必须首先针对每个人的岗位：

1. 是否清楚必须将自己的工作成果分类，并提高“做好了”的比例（工作成果分类包括“做了”、“做完了”、“做成了”、“做好了”4个类别。当一个人反思自己的工作时，必须将自己做过的100件事分别归入这4个类别中，并明确每个类别中到底有几件事）。
2. 是否清楚别人对自己的要求是什么，是否清楚自己需要实现哪些具体的工作成果。
3. 是否清楚自己工作中的问题是什么，是否清楚自己必须独立解决哪些问题（相当于不让哪些问题出现）。
4. 是否清楚自己接下来面对的挑战是什么，是否清楚需要学习什么，需要改变什么。

提案制度与等级化管理

等级化管理是指在日常工作中，谁在安排其他人的工作，也就是管理中所体现出的权力顺序、权威顺序。但是，针对发现问题和解决问题，情况就有了很大的不同——并不是谁有权力谁就更有能力发现问题并找到更有效地解决问题的办法。

有理由相信，所有的企业都希望拥有权力更大、更有权威的人，可以承担更多发现和解决问题的责任，可以取得更多发现和解决问题的实际效果，但并不是所有的企业都可以进入这样的状态。

因此，破除等级化管理中的弊端，让所有人的关注点都集中于如何发现问题的标准，以及如何评价解决问题的效果，就成为能不能进入这样状态的关键。企业想进入这样的状态，就需要让权力更大、更有权威的人用“权力和权威必须源自解决问题的成果”作为衡量自己工作的标准，而提案制度恰恰可以提供最直接、最有效的帮助。

小组活动与提案制度

所谓小组活动是指一些人组织在一起，在破除等级化管理中的弊端的基础上，紧紧抓住“如何发现问题”和“怎样有效地解决问题”两个要点，在工作中展开讨论，甚至是在工余时进行研究。

根据国外的经验，要保持提案制度的生命力，要持续提高提案制度对于企业改善各项工作的价值，能不能开展小组活动就是关键。

根据我国企业的实际，开展小组活动的最初阶段，很可能需要在管理者之间首先展开有效的互动，也就是首先为管理者“安排一些需要直面的问题”，甚至是在一定的限期内要求管理者拿出改善的方案。

到底是谁的问题

在日常工作中，当管理者发现一些问题并试图纠正的时候，经常可以听到这样的对话。

管理者问：“为什么是这样？”（面对M操作）

操作者回答道：“一直是这样的！”

管理者引导说：“这样会不会导致A（指某种问题）的发生？如果要避免A的发生，你该怎么做呢?!”

操作者继续说到：“我也不知道，从我到这里时，就一直是这样的！”

……

面对这样的情况，绝大多数的管理者会说：“看到了吗，员工素质就是这么差！”“你知道吗？就这件事，我已经纠正过他很多次了！”

操作者之所以没有进行其他操作，不正说明操作者的工作是由管理者安排的吗？退一万步想一想，管理者为什么没有安排一个更适合的人来完成M操作呢？

用提案摆脱“常识”中的错觉

对于这类问题，我们可以用提案摆脱“常识”中的错觉——直接将“合格地完成M操作，需要什么样的操作者，在上岗前需要培训哪些内容”、“如果M操作中的某些环节始终做不好，要不要从如何改善工艺的角度重新安排工作（特别是更熟练的工人甚至是管理者也不能合格地完成相关操作时）”、“当工艺被证明没有问题后，再出现哪些问题需要惩罚操作者，再出现哪些问题需要向管理者提出更高要求”。这些内容应被列为命题提案，让更多的人思考如何解决此类问题。

看到了吗，将“到底是谁的问题”中的现象拆分到一系列更具针对性的命题提案中以后，人们关注的重点也将随之发生这样或那样的变化。所以，企业完全可以用提案摆脱“常识”中的某些错觉。

结　论

所谓提案制度并不是简单地设立意见箱，更不是意见的集合，它是不断改进标准作业的工作体系，更是帮助管理者设计出更科学的工作体系的辅助工具。

管理者对企业的进步负有不可推卸的责任。能不能持续推进提案制度，体现着管理者用什么具体形式落实自己对于企业进步的责任。

要保持提案制度的生命力，就必须保护参与者的积极性；要提高提案的质量，就必须有越来越多、越来越有质量的“命题提案”。而能不能做到这两点，关键在于管理者自身的学习能力。

只有在丰田生产方式的系统中看提案制度，才能找到如何有效建立并持续推进提案制度的具体方法，其中能不能与标准作业的工作形成良好的互动是最关键的。

第七节　毛泽东思想的演绎——现场管理

所有工作的展开都离不开具体的时间和空间，由此便构成了一个又一个的具体现场。同时，所有的工作都离不开具体的成果和价值，由此便形成了对现场管理的需要。所谓“现场管理”，就是在特定的“现场”中完成针对特定“价值”的管理。

现场管理是对丰田生产方式的整体概括，从某种意义上讲，其实就是企业经营管理中的“实事求是”思想的系统展示。

强调现场管理，就是强调在现场进行仔细观察、认真思考。因为只有这样才能发现问题，才能找到真正解决问题的线索。

在管理一词之前，不论加上了怎样的定语，如人事管理、成本管理、品质管理、交货期管理等，只要没有将这些管理融入到“现场管理”之中，都不能称之为管理，因为“不在‘现场’完成的管理都不可能创造价值”。

实事求是与现场管理

在毛泽东的诸多文章和著作中，《矛盾论》与《实践论》堪称是两篇不朽的文章，但是人们在概括毛泽东思想的时候，却总会使用“实事求是”这四个字。同样，对于丰田生产方式的整体概括，我也更愿意用“现场管理”这四个字，并总要加上一句，这就是“现场管理，其实就是企业经营管理中的实事求是思想的体现”。

应该说，没有现场管理的思想就没有丰田生产方式。TPS 中的所有手段以及所有理论和实践，都是围绕一个个具体的现场展开的。TPS 本身也是围绕着将这些现场串联起来形成了一个更大的“企业经营管理的现场”之后，围绕这个特殊的、系统化的“现场”展开的。所以我更愿意用这样的方式来概括“现场管理”：管理一切创造价值的现场就是现场管理。其范围包括看得见的现场和看不见的现场，也就是“思考的现场”。

案例

神头岭战役

这是抗日战争时期发生在山西省境内的一场战役，战果堪称辉煌，在一两个小时的时间里，武器装备落后的八路军歼灭了

1000 多名日寇。

最初，指挥员从等高线上看到神头岭是一个打埋伏的好地方，但是在现场勘查之后发现，从山上冲锋到峡谷之后，还需要有一个短暂的仰攻过程，以当时八路军的武器装备，即便是几米到十几米的仰攻过程，也将付出巨大的代价。而最后的战役部署，是把八路军战士埋伏在需要仰攻的洼地上，而不是传统意义的山头上。

日本军队在途经神头岭之前，也感觉到这个地方可能有埋伏，所以也派出了哨队（也就是我们所说的侦察兵）来进行侦查。用文学作品中的语言来描述就是“日寇的小便已经尿到了八路军的头上”，然而他们受传统思维的影响，都是抬头向上观察，却没有关注在自己脚下几米以内的异常情况。

神头岭战役告诉我们的是不同的现场有着不同的规律，如果你只是想到两山夹一谷，只是想到派出侦察兵，在这些概念指导下的所有活动，都不可能达到预期的效果，就如同那名日本指挥官一样，他把什么都想到了，但还是在此葬送了自己的部队。

所以，只有强调现场管理，并在现场进行仔细的观察、认真的思考，才能发现问题，才能找到真正解决问题的线索，这也就是为什么我们说在现场管理中所包含的哲学思想就是实事求是思想的原因所在。

管理就是“现场管理”

所有工作的展开都离不开具体的时间和空间，由此便构成了一个又一个的具体现场。同时，所有的工作都离不开具体的成果和价值，当然，这就需要在特定的现场中完成特定的管理。

之所以要强调现场管理，就是因为它在企业的管理中发挥着至关重要的作用，因为如果不在现场管理的背景下去谈论管理，将导致人们陷入从理论到理论、从概念到概念的破坏性的沟通中，当我们脱离了任何一个具体的现场而去谈论问题的时候，都不可能将问题谈论清楚。

100 年前的泰勒，通过科学的管理原理，确立了管理学，奠定了标准化、规范化的基础，而在半个世纪之后兴起的丰田生产方式，将标准化和规范化的思想在更加具体的现场中展开，从而使管理所必须面对的问题变得更加清晰。

因此可以这样讲，不论人们在管理一词之前加上了怎么样的定语，如人事管理、成本管理、品质管理、交货期管理等，但只要这些管理没有融入到现场管理之中，都将失去其存在的价值。

为什么“说得通做不通”

就现实情况而言，大多数企业都面临着很多问题“说的通却做不通”的情况。之所以出现这种怪现象，原因就在于人们对现场的概念还很模糊，没有将现场进行更加细致的划分，就非常笼统地去谈现场管理。

在企业追求经济效益的大背景下，提倡“才见于事”就是一种必然的选择，也就是说如果你真有才干，你就要用做成事的结果来证明。做成事就在特定的时间、空间，用更加有效的手段来完成任务——这也就是将现场管理作为基石的意义所在。

“说的通”是因为它符合逻辑，“做不通”很有可能是因为没有理顺利益关系，没有深入现场去确认方法的有效程度。因此，将工作现场按照操作的特点，细分到思考的现场、讨论的现场、设计的现场、加工的现场、运输的现场等之后，再借助现场管理的理论和方法进行讨论，相信“说的通却做不通”的情况将会得到大幅度的改善。

工作目标与工作实质

很多企业中经常会提到工作目标，甚至是“目标管理模式”。

在这样的范畴里，人们描述更多的是希望得到的，有时还会用一些具体的数据来描述工作目标。

在实际工作中，真正能够起到指导作用的，往往不是工作目标，而是工作实质。两者的区别在于：工作实质不仅重视工作目标，更重视工作起点是处在什么一个状态，也就是工作实质是将工作目标与现实进行比较之后，梳理出需要解决的问题，并罗列出具体的操作内容。

所以对于实际工作而言，工作实质比工作目标更具有指导意义，因为它不仅描述了希望进入的状态，还对现有的资源以及在努力过程中必须注意的问题进行了详细的阐述。

从工作目标发展到工作实质，需要一个重要的前提，这就是"现场"——到底在什么样的特定时间、空间来完成怎样的任务？到底是依据什么样的条件？操作者到底有多少经验？这一系列要素便构成了"现场"，对这些问题的回答便成为"现场管理"。

只有在"现场"和"现场管理"的体系内，才可能将原本平面化的工作目标上升为更加立体、更加清晰的工作实质。

为什么要强调现场管理

坦率地讲，在100多年的发展过程中，管理学已经演变成为一个非常复杂的系统，单从一系列的词汇中，我们就可以看到这个体系的复杂性——战略管理、人力资源管理、采购管理、供应链管理、质量管理、危机管理、财务管理……

在这样的背景下，如果不强调现场管理，就会使太多的管理陷入职能化，如同我们在第1章中所讨论的那样，在职能化管理的名义下，将一个活生生的、有机的企业经营管理系统，拆分成一个一个僵硬的、固化的"职能"，从而使发现问题、解决问题的过程受到各种各样的干扰。

不论是什么样的管理，如果不能够解决问题，如果不能够为其他环节、其他领域中的管理提供价值，那么这样的管理是不被企业需要的，也是没有价值的。

所以，只要强调发现问题和解决问题的重要性，就必须强调现场管理；只要希望管理者的工作作风更加踏实务实（也就是更具针对性），同样也需要强调现场管理。如果想让企业的评价体系更好地服务于企业的根本利益，离开现场管理的理论和实践，也是无从谈起的。

不要让描绘工作蓝图成为管理者的“专利”

管理者对于企业管理的成败至关重要。谁应该成为企业的管理者，其实是一个非常根本的问题。

很长时间以来，绘制工作蓝图、系统描述工作目标似乎成了“管理者的专利”。在这样的背景下，管理者和被管理者的关系便陷入了一种传统的“脑体分离”的状态，即“你怎么说我怎么做”。在这种脑体分离的状态下，两者之间进行更加具有建设性的互动变得难上加难。因为双方的经历、关注点之间存在着巨大的差距。于是，“说的人因为不经常做所以说不清楚；做的人不用思考所以总也做不明白”逐渐被演绎成“说的人不需要做，所以不需要说得太清楚”，以及“做的人没有权力（其实是没有责任），所以不需要为做成事情负责”，这种情况也就成为一种司空见惯的“正常的事”。

要让更多的操作者对自身的工作有更加全面的理解，就需要帮助他们在现场的管理下，将一项一项的工作内容进行拆分，以便于他们贡献出自己的智慧。我们可以通过下面的例子来说明这一点：如果对普通员工提出“你认为企业应该如何压缩成本”的问题，就会限制大多数人的参与。但如果将压缩成本的问题拆分到一张纸、一滴水、一个开关的设置、一次车辆外出的安排等动作层面，相信员工的参与度就会得到大幅度的提高。

由此可见，在管理者的工作中，需要增加一个新的项目，这就是在现场管理的理论和实践的基础上，帮助更多的员工描绘出他们自己的工作蓝图，从而提高他们发现问题和解决问题的能力。

当描绘工作蓝图、详述工作目标、诠释工作实质等工作不再成为管理者的专利时，企业就更容易形成不同层面的建设性互动，从而使得围绕发现问题、解决问题的讨论更有成果。

大野耐一的“现场经营”观

被誉为丰田生产方式创始人的大野耐一把“现场管理”上升到经营层面，也就是上升到“现场经营”的范畴。他出版了《现场经营》一书，比较系统地阐述了其中的要义。其中对笔者影响较深的有下列41句话。在此，我按照自己的理解进行了简单的分类，和大家分享。

- **认识论**

1. 不要怕错误。
2. 所谓的智慧，不遇到问题是无法产生的。
3. 小偷也有三分理。
4. 君子不器。
5. 在知道错误时，必须认真承认。

- **走出误区**

6. 要识别隐藏在常识中的错觉。
7. 错觉会导致效率的降低。
8. 要用自己的眼睛确认错误。

- **成本观**

9. 不要担心所谓的“机会损失”。

10. 分辨通常计算中的盲点。

11. 所谓的“限量经营”，就是要用更低廉的成本完成生产。

12. 不要落入“成本计算公式”的陷阱。

13. 在办公室里无法完成控制成本的工作。

- **生产管理**

14. 整理、整顿、清扫、清洁、素质。

15. 控制成本、提高品质等工作只有在现场才能完成。

16. 生产技术和制造技术不是一回事。

17. 要减少“在库”，增加“在制”。

18. 通过量产可以“降低成本”，这完全是一种错觉。

19. 在减产的情况下提高效率（也就是要提高单位产出率）。

- **库存管理**

20. 在便宜的时候多买一些原材料，这是经营上的常识。

21. 所谓的无库存管理，是“不要做不被需要的东西”。

22. 农耕民族不同于游牧民族，他们喜欢“库存”。

- **树立目标**

23. 只要努力，“合理化”就可以进一步深入。

24. 要树立10倍以上的效率目标。

25. 成本可以再压缩一些。

26. 设定最短的标准时间。

27. 改善工作需要遵循一些规律。

28. 遇到问题，要问5个“为什么”。

- **关于设备**

29. 不可以因为“流行”而采购新设备。

30. 设备的完好率与设备的利润率不是一回事。

31. 推行源自丰田佐吉的自働化。

- **合理化与管理**

32. 在感觉良好的时候完成“合理化”、“少人化”。
33. 只要是能够说通的事情，就要实现“合理化”。
34. 管理者的工作在于与下属开展“智力比赛”。
35. 建立没有“监督者”的行政管理现场。
36. 成为下属信赖的“家长”。

- **丰田生产方式**

37. 多余的动作并不能形成价值。
38. 要实现准时化生产——just in time。
39. 借鉴超市的生产方式。
40. 只有在丰田才能实现“看板管理”。
41. 不要担心生产线的停止（有问题就停下来，就是不再产生错误。停下来才能纠正错误，这也是对未来负责）。

第八节　量化责任感的工具——问题思维

解读 TPS 的大背景

在 20 世纪 70 年代的石油危机之后，丰田生产方式被越来越多的人所关注，对它进行深入研究和解读的人当然也就越来越多。

正像丰田人自己所宣称的那样：我们不仅是在造车，我们更是在造人。所以我更愿意从塑造人的角度来读解 TPS。当然，这就必须涉及到问题，因为人对问题的看法，将会构成一个人对世界的看法，一个人和问题的关系，其实就是其自身状态的最好描述。

所以，在这样一个到处都在强调和塑造个人责任的时代背景下，我更愿意从培养问题思维的角度，来诠释丰田生产方式的价值。

问题是什么

几年前，我曾出版过两个小册子，一本难一点的叫做《解决问题就是创造财富》，一本简单一点的叫做《解决问题才是硬道理》。在这两本小册子中，我对问题进行了这样的诠释：

- 从哲学角度讲，问题就是财富。发现和解决问题，就是创造财富。与此同时，问题是人们对世界认识的一种归纳，通过描述问题的内容和形式，我们可以清晰地看到一个人的世界观。
- 从工程学的角度讲，问题是比较的函数，用什么样的标准和方式去比较，使得人们看到了不同的问题。
- 从管理学的角度讲，问题就是价值评价的标准。一个人发现的问题具有什么样的价值，体现的是当事人的价值，一个人解决问题的成果具有什么样的价值，同样也标志着当事人的价值。
- 从成功学的角度讲，问题就是引导人们努力的导师，因为问题指明了前进的方向，一个看不到问题的人，就是一个没有奋斗目标的人。

没有问题就没有思考

所有的人都渴望自己有更多的智慧。然而，所谓智慧，如果不遇到问题，是根本无法产生出来的，所以人们就必须借助问题来磨砺、提高自己的智慧。

在中国传统思想中，有“君子不器”的说法，说的是君子可以做很多事，君子的才能并不会局限在某一个领域中，这就如同我们平时所说的“隔行不隔理”的道理是一样的。当一个人具有了发现问题的勇气以及分析问题、解决问题的能力时，那么他就会在各种各样的领域中表现得比常人更加突出和优秀。

所以，是否愿意寻找问题，并借助问题提高自己的思考能力，就决定了一个人是否能够适应变化的世界，适应更加复杂的局面。

变化与竞争

在这样一个激变的世界中，我们到底应该怎么样描述这个世界、怎样描述一系列的激烈变化呢？从这个角度讲，一个人提出了什么样的问题，就代表着他具有什么样的世界观——是先有变化再有竞争，还是先有竞争再有变化？

很多人会说，为应对变化人们才展开了竞争。其实不然，是因为先有竞争的存在，才引发并加剧了一系列的变化。

竞争可以在个体与个体之间、企业与企业之间、国家与国家之间进行，而所有这些竞争的本质就集中在“发现问题的标准”和“解决问题的效果”上。

做成事与责任感

没有哪一个企业会放弃对责任感的要求。如果一个人不能宣称自己有责任感，可以对某些工作负责，那么他将无法和任何人合作，也无法融入任何企业。

然而，在对责任感的传统要求中，企业更多的是停留在概念上，所以难以衡量。因此，有必要将责任感与做成事相结合。这就是，如果一个人宣称某项工作是“会做的”，那么他必须用做出成效证明自己会做的标准。如果某项工作被明确为是“该做的”，那么就要为当事人设置一个时间限制，并要求他通过学习和努力，让这部分新的挑战成为自己“新的会做的”工作。

因此可以这样讲，任何一个要求自己做成事的人，就必须让自己成为一个愿意与问题共舞的人，因为做成事的过程，就是一个不断发现问题、解决问题的过程。

从这个角度讲，一个人对待问题的态度，其实就是对待自己的态度——是否要求自己做成事。

从旧责任感到新责任感

所谓旧责任感，就是对于别人给自己的要求和任务，自己是否承担了相应的责任；所谓新责任感，就是自己给自己是不是不断增加新的责任内容。虽然很多人在旧责任感的范畴里还没有做得非常好，但仍有必要提出新责任感的概念。

因为在日常工作中，对于大多数人而言，如果他们身边有榜样，有参考，他们进步得就会更快一些，所以从旧责任感的层面上升到新责任感的层面，强调“个人责任”和“第一态度”就是一个树立榜样的过程。

所谓第一态度，就是一个人面对问题和变化的态度，就是一个人是否敢于挑战新问题、承担新任务的责任。之所以将“第一态度”和“个人责任”放在一起，就是要表明一个人对自己的责任必须要落实到是否要求自己进步上，而是否要求自己进步的标准就必须体现在面对新挑战、新责任的态度选择上。

可以这样讲，在未来，“第一态度”一定是构成一个人竞争力的全部内容，也一定会成为评价一个人价值的核心指标，因为如果一个人不去主动地寻找问题，就意味着他一定会反复受到一些简单问题的困扰。

从逃避问题到寻找问题

所谓逃避问题可以在两个层面上加以讨论：一个层面是在发

现问题上的逃避，这意味着在工作中对很多现象和矛盾视而不见，周而复始地重复着一些操作，从而让简单的问题重复出现；另一个层面是解决问题上的逃避，就是不对解决问题的成效负责，而仅仅将解决问题定义在暂时消除某些现象的层面上，从而造成了同样的问题反复出现的恶性循环。

所谓量化责任感，其实就是在从逃避问题到解决问题之间设置一些等级，并用一些具体的现象来描述这些等级，之后，从评价发现问题的价值和评价解决问题的成效的角度，来评价责任感的高低。

量化责任感

所有企业都反复强调责任感，但遗憾的是，成效却不那么令人满意。究其原因，就是迄今为止责任感难以被量化，难以与日常工作中的具体语言和行动进行相对客观的对接。

所以，有必要在发现问题和解决问题的领域里，设定一些基本的场景，通过具体的语言和行动，对责任感的高低进行相对量化的描述：

- 首先，在安排任务或者接受任务的时候，责任感应该体现在是否对工作目标、工作实质进行了清楚的描述，是否清楚地知道工作的实效性……
- 在汇报以及检查工作成果时，量化责任感则是指在成果描述方面、明确问题方面、完成记录并汇总要点方面是否做出了系统和细致的规定。
- 在评价解决问题的成效方面，其标准是暂时掩盖现象，是部分地解决了产生问题的原因，还是从根本上解决了问题，从而使同类问题永远不再发生……相信通过这种等级化的描述，可以使责任感得到部分的量化。

- 在评价发现问题的价值方面，能问出几个为什么（针对同一个问题，问出为什么的个数表示对问题理解的深度)。是从别人身上找原因，还是从自己身上找原因，是更多地找环境方面的原因，还是找自身流程设计和操作准确性上的问题……从描述问题的不同角度和方式中，我们同样可以得到对责任感的量化结果。

问题思维

人之所以成为人，是因为人有着非常发达和复杂的思维。之所以强调问题思维，是因为对于成人而言，绝大部分的思维，或者说是思考过程，都是由问题引导的。换言之就是，不针对问题的思维很难产生价值。

在研究问题思维的时候，首先要明确问题的地位，这就是为什么在工作中我们要强调不怕犯错误，为什么在知道犯错误时要认真承认的原因所在。因为，只有客观地承认问题，才有可能进行如何解决问题的系统思考，从而也就解释了为什么不能怕困难、不能回避困难，因为回避问题会使思考迷失方向，会导致自己不知道该思考些什么。

人们的思想和人们的身体一样，往往有一种倾向，就是寻找轻松。所以在思考的过程中，很多人也会习惯性地选择简单的问题。然而，思考层面的简单导致的结果，很可能就是简单的问题不能被解决。因为简单的思考无法发现“所谓简单问题”背后的原因。当背后的原因不被认识的时候，简单的问题就不可能被认识和解决，于是，这些所谓的简单问题就会在工作中一而再、再而三地“跳出来”干扰人们的工作。

所以，强调问题思维，就是倡导人们用科学的方法来描述问题，就是帮助人们用比较和拆分等工具，剥离问题的表象，将复杂问题还原到相对熟悉的领域中去加以解决。

从某种意义上讲，本书就是对丰田生产方式从不同角度进行描述的过程，就是一个不断拆分丰田生产方式的过程，同时也是用不同的线索重新梳理丰田生产方式的各个要素，建立有别于其他丰田研究成果的新的描述。

从这个意义上讲，本书就是对问题思维的一种诠释和样本展示。

问题思维是量化责任感的工具

每个人，每个企业，之所以强调责任感，其原因就在于做成事离不开责任。强调责任感，其实就是强调做成事。而我们已经反复论述了这样一个逻辑：看不到问题就是做不成事，甚至不知道该做什么事。于是，一个简单的推理便浮现了出来：只要将问题进行量化，就可以相应地量化出责任感的高低。

在不同的工作中，给出系列化的问题，其本身就构成了描述责任感的具体方法。不仅如此，对于已经罗列出的一系列问题所给出的答案，也将构成对责任感的又一种描述。这两种对责任感的量化描述，就可以构成企业在针对责任感提出要求时可以直接参考的标准——也就是一种量化地描述责任感的工具。

第九节　系统解读8大概念

做事情

有哲人说，人生最大的秘诀也在于认识自己，人生最大的困难在于认识自己。人为什么难以认识自己？人如何才能真正地认识自己？——所有这些问题的答案都是“做事情”。

只有通过做事情，人们才能了解事情的规律，正如毛泽东在《矛盾论》中指出的那样，事情的发生、发展、演变是有其内在规律的，如同我们结交朋友一样，如果一个人不和事情“在一起”，他就不了解事情的规律。其结果就是“做什么事情都做不顺”、“看什么问题都看不清”。

通过做事情，人们才能了解自己，了解自己的优势、了解自己的劣势、了解自己为什么会遭遇那么多的意外、了解自己为什么可以正确地预测将要发生的事情……人们对自己的了解一定是在做事情的过程中完成的，一定会因为是否做完、做成某些事情而有很大的不同。人们从事一项伟大的事业时，会更加充实和自信；人们做完一件事后，发现没有取得预期的效果时，就会感到沮丧、伤心……

通过做事情，人们最终会了解自己和事情之间的关系。这其实也是一个人和周围人、一个人和问题的关系，还是一个人和未来的关系。当人们了解到这一切的时候，才能更加和谐地与周围的人相处，才能更平和地面对问题，才能对未来充满更有依据的美好期待。

丰田生产方式的本质就是做事情——通过对做事情的起因与结果、过程和反思等一系列环节进行记录，并加以分析和梳理之后，形成一套体系。通过这套体系，人们更容易了解事情的规律，更容易比照“丰田人已经完成的实践”来了解自己，并通过类似丰田人的实践，更好地处理自己和周围事情的关系。

在概念层面上的超越

国内研究丰田生产方式的书籍、文章、座谈等各式各样的资料和活动很多，而且似乎越来越多。但即便如此，人们还是没有正确地理解从看板管理到问题思维这 8 大基本概念。

其中最典型的例子就是“无库存管理”。丰田人在最初的几年甚至不去仓库梳理问题，而是在“消除不需要的事情”上下了很大的功夫。

类似这样的概念其实还有很多。比如：

“看板管理”表面上是一张张的小纸片，而背后却是对管理者以及被管理者的经验的积累和拆分，是对问题认识的程度不断加深。所以，只有在概念层面上超越曾经的认识水平，进入到本书所描绘的状态中，才能更深刻地理解丰田生产方式，才能看懂其在基本理念和不同环节上的基本含义。也只有在更准确地理解了这些基本概念之后，才能在实践中看到方法及其背后的原因，才能通过实践触摸到富有成效的、真正的丰田生产方式的内涵。

在系统层面上的超越

一方面，“看板管理”到“问题思维”这8大基本概念说明了丰田生产方式是什么，因为不论从其中的哪一个点展开，都可以推导出相对完整的丰田生产方式；另一方面，这8个概念只不过是摸象的盲人的手，无论是其中的1个还是全部8个概念，都不能说清楚到底什么是丰田生产方式。它们的个体或是全部的叠加，都无法替代丰田生产方式这样一个活着的、不断变化的体系，更不能真正反映人和问题互动的深刻内涵。

只有从“做事情”的角度去观察丰田生产方式的本质，才能完成上述系统层面的超越。只有观察丰田生产方式对“做事情的本质”的认识和发展的过程，才能通过自己的实践在某个局部、某个系统超越丰田生产方式，甚至是在富有生命力的体系层面超越丰田生产方式。

在实践中实现超越

丰田生产方式不仅仅是一套行之有效的理论，更是一种勇于否定自身的实践。

毛泽东思想的核心就是“实事求是”。“实事”讲的是要认识问题，“求是”讲的是要寻找问题和问题之间的逻辑，并依据问题和问题之间互动的规律让自己的努力更富有成效。因此，只要抓住“做事情”这一件事，只要真心地为“做成事情”而改变自己、去除自己的误区、抛弃自己的偏见、承认自己的不足，任何人、任何企业、任何机构、任何国家都可以通过自身的实践，超越丰田生产方式，至少可以超越丰田生产方式目前已经达到的水平。

任何人只要抓住“做事情”这一点，抓住“敢于否定自己”这一点，也就抓住了丰田生产方式的本质。而任何抓住丰田生产本质的个人和企业，都将通过自己的实践获得切实的效益，并通过不断地否定和进步，让自己进入更愉快、更自信、更充满活力的状态。

想进步的人都可以“无师自通”

所谓进步，就是进入一个和原来不一样的状态；所谓进步，就是用更有效的方法去做事；所谓进步，就是曾经难倒自己的问题，现在已经被顺利解决……所以说，进步一定意味着“否定”：对过去状态的否定；对过去认识问题水平的否定；对过去使用过的方法的否定。因此，想进步的人就是愿意否定自己的人，就是闻过则喜的人，就是“视问题为智慧另一面”的人。

这些人其实不需要丰田生产方式，或者说对他们来说，丰田生产方式完全可以“无师自通”。他们学习和借鉴丰田生产方式的实践，完全可以成为一种对等的交流和互动，因为他们进步的轨迹就是对丰田生产方式最好的诠释，就是对“在不同的环境下如何演绎丰田生产方式”做出的最好示范。

在“怎么说”、“怎么做”的层面展开丰田生产方式

学习、推广、超越丰田生产方式是一个为发展而学习、推广、超越的过程，而这一切的前提就是对自己的改变。

任何改变自己的努力，都需要在“怎么说”、“怎么做”的层面找到答案，都需要面对一个又一个具体的问题。我们需要经常问自己“那么，接下来该怎么想、怎么做呢”这一问题，需要根据自己所面对的问题，不断地寻找答案。

实践并超越丰田生产方式需要展开

本书以“看板管理”到“问题思维”的 8 大基本概念作为工具，帮助人们从不同的侧面看待丰田生产方式。但同时对于 8 大概念的解释和说明，也容易构成人们正确理解丰田生产方式的桎梏。

只有在实践的过程中才能突破上述桎梏。任何富有意义的实践都是一个不断丰富上述 8 大基本概念所代表的特定思想（指丰田生产方式）的过程。如同毛泽东思想是在中国革命的背景下对马克思主义的一种丰富一样，任何个人和企业具有意义的实践都将是在其特有的问题背景下对丰田生产方式思想的一种丰富。

从某种意义上讲，从看板管理到问题思维的 8 大基本概念，就是一种对丰田生产方式的展开——服务于实践的展开，针对“那么面对问题，接下来该怎么想、怎么做”给出何种答案的展开。

具体展开从看板管理到问题思维的 8 大基本概念

从看板管理到无库存管理——无库存管理可以直接借鉴和参

考看板管理中的理念和做法。

努力研究下列内容，可以让企业在积累经验的方法方面有所改善：

- 为什么自己的看板比丰田的看板信息少了一些。
- 怎么才能做到“既不能少，更不能多”地传递有针对性的指令。
- 更要特别注意“为什么自己的看板比丰田的看板信息‘多了一些’”的原因，因为出现这样的情况往往说明在指令的针对性方面有比较大的问题。

从无库存管理到准时化生产——当无库存管理要求我们“不要做没有用的事情”、“必须认真思考”后，很多人都会感觉无所适从。这个时候如果用精确的时间作为辅助工具，就可以知道哪些工作需要多少时间，这将使得超出时间限制的部分更容易暴露出问题。

从准时化生产到自働化——当更多的问题被发现之后，解决问题的压力就越来越大了，此时就需要集中精力提高人们解决问题的能力。需要通过界定标准，完成对“异常”的量化描述，并做到精确地描述成果（用现象描述），从而使解决问题的方向更加明确。

从自働化到标准作业——当越来越多的问题被解决之后，会产生新的愿望：更好的效果是什么，怎样才能避免类似问题重复出现……于是就需要通过标准作业固化所有这一切“组织经验”。

从标准作业到提案制度——当越来越多的标准作业得到规范之后，人们会发现这项工作并没有“尽头”，并且规范标准作业的工作不仅需要大量的时间，更需要更多的智慧。于是，人们通过提案制度调动更多人的参与，这就有了更多双发现问题的眼睛，能够在更短的时间里对更多的标准作业进行规范。

从提案制度到现场管理——在希望得到更多的提案、希望提案的质量得到更快的提高之后，人们再次感觉到“实践出真知”，于是要求每一个人在现场面对实物和实际问题进行思考。

从现场管理到问题思维——当每一个人在现场面对实物和实际问题进行思考的时候，他们就会自然而然地感觉到：真正需要改变的首先是自己的思维，是自己对待问题的态度。在不断提高自身“思维质量”的过程中，人们越来越清楚地认识到“只有在认真做事情的过程中才能认清自己、认清世界、认清自己和世界的关系”这一真理，从而让自己更愉快地工作和生活。这其实就是人们为什么需要经常反思自己的原因所在，就是人们为什么需要认清自己价值观的意义所在。

完成系统化的理解需要“递进”

从一个视角到另一个视角，或者从一个系统到另一个系统，都可以称为是“递进”。将这个系统从某一个环节放置到另一个系统中，并进行新的诠释，同样也可以说是一种“递进”。

只有在理论上完成这样一种递进关系，才能让理论本身得到丰富和提高；只有在这种活的、不断发展的理论指导下，所完成的实践才能更具针对性，才能提高这种实践的成功比例。

正确理解丰田生产方式需要递进

丰田生产方式是理论更是实践，是理论指导下的实践，是在实践中不断丰富的理论。因此，正确理解丰田生产方式，不仅需要勇于实践，更需要在理论层面实现“递进”。

只有从不同的角度完成对同一个问题的分析，或者说只有从不同的体系出发，对同一个问题以不同方式进行说明，才能证明人们真正认清楚了这个问题。因此，能不能在理论上完成递进，能不能从一个系统跳跃到另一个系统完成对同一个问题的说明，恰恰是能不能在实践中随时调整自己的方案、随时根据问题的变化改变解决问题方法的根本所在。

如果对一个问题只看到一个答案，是没法解决该问题的。只有在不同的体系下，都能拿出不同的方法去解决同一个问题，才能在实践中游刃有余地解决实际问题，也只有此时才可以称为“触类旁通”。

从看板管理到问题思维的递进

从看板管理到无库存管理，再到准时化生产，是一个发现问题的过程，是一个不断提出具体要求并进行体系化思考的过程。

看板管理一方面要求通过小小的“看板”积累从管理者到被管理者的经验，另一方面要求通过小小的“看板”将这些经验反映到特定的现场中并加以浓缩，也就是“既不能少，更不能多”的概念。当提出这样的概念之后，当人们需要具体推进看板管理的时候，就需要培养认真思考的习惯，就需要借助某些工具帮助自己发现问题，于是无库存管理便成为人们认真思考的工具，准时化生产便提供了一系列的标准，让问题通过时间上的差异暴露出来。

从自动化到标准作业，再到提案制度，这是一个解决问题的过程，是一个努力解决问题并通过追求实效反思解决问题效果的过程。

自働化的核心是人们要对问题加以定义，要明确异常的上限和下限，从而使得解决问题的努力更加有章法，也就是既能在紧迫度上明确标准，也能从重要度上明确标准，并能在“现有的资源能够先解决哪些问题”上得到启发。当人们通过自働化不断解决问题的时候，人们会发现自己需要更多的标准。当一项工作完成的时候，人们发现必须描述它的成果这一问题。通过描述它的成果标准，通过明确它必须面对的问题，自働化将直接帮助人们提高解决问题的能力。这就是自働化和标准作业之间的互动。

人们发现，必须最大限度地让更多的人参与到自働化和标准作业的互动中，于是人们找到了让技术和制度进行良好互动的方法，这便是提案制度。

从看板管理到现场管理，再到问题思维，人们先提出的是精细化管理的愿望，并要求通过看板表现出每一步具体努力的内容，同时用看板改进工作的效果，并证明精细化管理发展的水平。在这个背景下，人们发现看板必须在现场才有作用，而现场只有通过不同的看板体系才能梳理出问题，才能明确对管理者和被管理者提出的不同层面上的要求。

这样的互动结果是：人们发现在做事情的过程中，更需要调整的首先其实是自身的思维——人们必须为自己和问题的关系找准定位。于是人们发现：所谓的看板管理，其实都是问题管理，也就是针对问题的管理，是针对认识问题方式的管理。而所有这些内容所引导出来的最终目标，其实是人们如何看自己、看问题、看世界的标准。

当人们有能力从问题的角度、从问题思维的角度、从思维质量的角度来认识丰田生产方式及其价值，并理解从看板管理到现场管理的 7 个概念的时候，人们发现：作为最后一个概念的“问题思维”，将成为串起前面 7 个概念的线索。人们发现：在 8 大基本概念中，前 7 大概念犹如珍珠，而如果没有问题思维则不可能将丰田生产方式制作成一条美丽的项链。

当人们真正有能力串起这条项链的时候，他们就会发现：其实，人们可以任意地进行 DIY——根据自己解决问题的需要创建自己的生产方式。换句话说就是：只要从做事情的角度出发，只要从敢于否定自己出发，只要愿意为做成事情而改变自己，任何人都将是丰田生产方式的新的演绎人，任何人都将成功地丰富丰田生产方式的内容！当然，与此同时，这些人也是在丰富自己的人生价值。

看板管理是起点更是终点

国内许多文献表明，中国人更愿意将丰田生产方式定义为精益生产、精细化管理等。可以毫不夸张地讲，看板管理既是精细化管理的起点，更是精细化管理的终点。正如本章第一节所描述的那样，只有当看板管理所承载的信息“既不能少更不能多”的时候，才能最直接、最有效地指导现场的操作。

“既不能少更不能多”这一点挑战的其实是企业如何积累每个人的经验并将其化为组织经验，挑战的是企业如何根据现场的变化将已经积累的经验，结合解决问题的需要和操作的客观情况，进行进一步的拆分。

在这样一个完成积累和归纳并不断进行拆分和演绎的过程中，看板管理在进步，看板的内容不断精确……而它最终的成果也就是精细化管理。

问题思维是手段，更是目的

当人们从看板管理中得出“精细化管理就是精细化指令”的结论之后，他们就需要通过无库存管理让自己习惯认真地思考，让自己不去做那些没有价值的事情……接下来必须通过看板管理、准时化生产、自働化、标准作业、提案制度、现场管理等一系列的工具和手段，问题思维的理论和实践才能得到发展。

当问题思维得到改善之后，人们才真正理顺了自己对“做事情”的系统认识——通过做事情了解事情本身的规律，通过做事情了解自己的价值，通过做事情了解自己和事情之间的关系。理顺了做事情的三大规律之后，人们会变得更平和，更愿意和周围的人和睦相处，更愿意和问题共融，并使得自己进入到闻过则喜的状态。

这样的人不仅自己对自己的评价将持续改善，周围的人对他的评价也将持续改善，这样的人会因为有了良好的人际关系，使得做事情更顺利，同时，因为自己做事情越来越顺利，也就让更多的人围绕在自己的身边。其实这样的一种做事、交友、自我升华的循环，是每一个人所追求的工作目标和生活目标。而进入这种状态的人会发现：问题思维完全不是手段，它已经转化成了目的——如何创造更美好的人生。

两大支柱支撑着什么

丰田生产方式的两大支柱，在大野耐一口中所指的是准时化和自働化。在国内外几乎所有的相关文献中，它们都是支撑丰田生产方式的“支柱”。

当完成了从系统层面对丰田生产方式的超越之后，当完成了在8大基本概念上对丰田生产方式的超越之后，人们便有机会认识到“丰田生产方式就是做事情的方式”这一本质。而从“做事情本身就是发现问题和解决问题的循环”的角度出发重新审视两大支柱的时候，便会有新的发现：准时化生产所支撑的是发现问题的标准，而自働化所支撑的是制度化地解决问题。

与传统观念不同的是，丰田生产方式明确地告诉我们，发现问题和解决问题是两件事。就如同一个猎人走进森林去打猎一样，解决问题是最后扣动扳机的那一瞬间，而发现问题则是去哪座山、寻找老虎还是兔子、如何瞄准等一系列的准备和努力。

如同丰田生产方式所诠释的那样，如同打猎的例子给人们的启发那样——发现问题远比解决问题更重要，因为只有正确地发现问题，才能有效地解决问题。

那么，两大支柱共同支撑的是什么呢？答案就是：更直接、更有效地帮助人们确立自己与问题的关系，并通过确立定义问题的具体标准，让自己和问题的关系更加清晰。

现场管理可以作为核心

既然丰田生产方式的本质是做事情，而做事情就一定有时间、空间等一系列特定主观和客观的资源限制。“现场”恰恰就是这样一系列主观和客观条件与资源的结合体。因此，现场管理完全可以作为学习、推广、超越丰田生产方式的所有努力的核心。如同毛泽东“实事求是”的思想一样，只有在现场面对实物，确认“实事”是什么的时候，人们才有机会根据自己曾经在其他现场所积累的“实事”，找到当下的“求是”——解决当前具体问题的方法。

在现场面对实物进行思考，就是实事求是思想最直接的体现。任何人只要在现场面对实际问题进行思考，就一定可以在越来越深的层面上理解实事求是的思想，理解丰田生产方式的本质。不断加深对实事求是和丰田生产方式的理解的最终结果，将会造福当事人和他周围的人。

标准作业与提案制度

标准作业圈定了工作的内容、方法和成果要求，并通过明确这一系列的要求让问题凸现出来——如何实现持续改进，答案就在于发挥提案制度的价值了。

提案制度是一种在技术和制度之间进行良好互动的制度。企业的生产技术和管理技术得到提高之后，必然需要进一步完成制度层面的调整。而完成制度调整之后，其作用又会回归到如何进一步积累生产技术和管理技术上。

标准作业恰恰提供了起点和终点——所谓的起点就是：提案制度要针对哪些问题加以梳理；所谓终点就是：提案制度的成果

必须通过哪些形式加以落实。而所有这一切的答案，都将集中在标准作业之上。

洗头和洗脚

在我国绝大多数的企业管理中，有两种不好的倾向：一种倾向是“洗头”——讲道理、讲系统、讲目标；另一种不好的倾向是“洗脚”——讲细节、讲方法、讲实用。在实际工作中，无论洗头和洗脚，其实都很难真正地解决具体问题。经济分为宏观经济和微观经济，但是，普通人无法参与宏观经济政策的制定，微观经济理论又因为过于集中在价格和竞争层面，也很难给人们直接的帮助。

此时出现的丰田生产方式，恰恰可以在平衡“宏观”和“微观”之间关系的过程中充分发挥作用，如同在洗头和洗脚之外强调洗澡一样，丰田生产方式提供的是发现问题的工具和解决问题的工具，其中既充满了概念和理论，也有丰富的细节和方法。

人们只有通过系统更清楚地看明白细节，才有可能真正地解决细节中的问题，也只有人们在细节中积累了足够的经验，并上升到系统层面持续地完成具体的改进工作，人们才能最终进入事半功倍的状态。所以在企业管理中，不论洗头还是洗脚都不是最好的选择。

别拿“基础工作”说事

虽然改革开放 30 年了，但如果探究企业的基础工作有多大的提高，人们会惊讶地发现：很多上市公司，很多业绩光彩照人的公司背后，其基础工作层面的欠账是很多的。有很多咨询师和学者都在大力提倡加强基础工作，甚至有一些老师在进驻企业之后，只拿基础工作说事，他们反复告诉企业的经营者：如果不夯实相关的基础工作，企业的发展将会遇到严重的问题。

上述观点当然是非常正确的。但如果换一个角度思考问题，便会发现企业很难集中时间、人力、财力等去专项弥补基础工作中的一系列不足。甚至可以这样讲，即便企业拿出了时间、人力、财力等资源去弥补基础工作的不足，也只能是纸上谈兵，因为弥补基础工作的漏洞和欠账，必须在不断推进现实工作的过程中完成。

这也就是说，任何管理者、咨询师和培训师，都不应该也不能够拿基础工作说事，他们所提供的有效指导，必须是“从现在开始，直接去做企业该做的工作，并同时完成对基础工作的弥补”。其实，真正有功底的管理者和咨询师甚至可以在不知不觉中完成对基础工作的弥补。

基本不存在“素质”问题

国内很多企业有一种偏见，这就是推进丰田生产方式需要员工有比较高的素质。换句话说，他们觉得自己企业中员工的素质不高，所以不具备推进丰田生产方式的条件。

如同本章所描述的那样，推进丰田生产方式不是等到员工素质提高之后才要做的事情，而是要通过推进丰田生产方式，有效地提高包括普通员工在内的企业所有成员的素质，因为丰田生产方式其实就是“做事情”的方式，就是“如何做”的方法的指导，就是“如何想”的提高认识的理论。

所以，不论管理者还是被管理者的素质“多么差”，都不构成导入丰田生产方式的障碍！而且人们完全可以自信：现阶段中国企业的人员素质和文化程度，远远超过了50年前丰田汽车工业公司员工的水平，更超越了一个世纪以前丰田织机的员工素质！

不见利，更容易忘义

“见利忘义”是一个非常不好的词，但在推进丰田生产方式中，完全可以为这个词赋予新的内涵——“不见利更容易忘义”。

很多推进丰田生产方式的管理者和咨询师要求企业忍受3个月、半年乃至一年的“无成果期”，尤其是他们从现场管理或者标准作业的角度推进丰田生产方式的时候更是如此。他们的理由是：当这样的基础工作做好了之后，企业自然而然就可以看到越来越大的利益。

这样的推进方法是极不科学的！

企业如果没有利润就无法生存。如果企业在3个月、6个月乃至12个月中都不能见到自己努力工作的成果，又有什么理由要求企业相信丰田生产方式，相信继续努力的最终结果将会符合企业的利益要求呢？

所以，在推动丰田生产方式的过程，如果不能让企业在每个阶段都看到他们所期待的成果，或者至少是接近他们期待的成果，企业就很难接受这样的丰田生产方式（其实这样的丰田生产方式并不是真正意义上丰田生产方式）。

企业正确导入丰田生产方式之后就会发现：很多工作完全可以在比较短的时间里发生改变。只要企业看到导入丰田生产方式的难度并没有自己想象得那么高，就很难“忘义”了——他们会更加有热情和信心地推进丰田生产方式，而企业的决心和热情恰恰是持续推进丰田生产方式的必要前提条件。所以，能不能选择更好的切入点，让最初的成果超出企业的期待，就是能不能有效推进丰田生产方式的关键所在。

选择导入的起点

企业的管理者如果正确理解了从看板管理到问题思维的8大

基本概念，如果企业的管理者和相关培训师能够从系统的角度完成对上述8大概念的解释（也就是从不同的角度进行解释），相信任何一个工作环节都可以作为导入丰田生产方式的起点。

在对企业进行了系统的调查和分析，尤其是对决策者和主要管理者的能力与经验进行了量化分析之后，企业就可以找到最佳切入点——初期的效果以及随后每个阶段的效果，都可能因此超越企业的期待。

必须承认，导入丰田生产方式的过程不会一帆风顺，因为导入丰田生产方式其实是在做“洗脑”的工作，也就是完全改变人们对问题的认识，甚至改变对问题的情感。虽然对于“如何选择导入的起点”这个问题没有统一的答案，但第三章的内容可以作为参考，愿意系统地导入丰田生产方式的企业可以利用它们完成与自身方案的具体比较。

在导入丰田生产方式的过程中会遇到哪些问题？应该如何面对？有没有哪些可以参考的案例和方法？我们将在本书第四章讨论这些问题。如果现在就概括其中的内容的话，这就是：培养骨干和认真对待反复出现的简单问题。只要抓住这两点，就能更顺利地完成体系化思考，只要有了体系化思考的能力，导入丰田生产方式就不那么困难了。

结　论

丰田生产方式是方法论，更是价值观。学习、推广、导入丰田生产方式的过程，就是企业提高管理水平的过程，是企业提高自己应对变化、应对问题能力的过程，而最终的结果是：人们会发现，这是一个改变世界观的过程——让人们变得更平和、更谦逊、更愿意合作的过程。

第三章

只要尝试就有效果

第一节　提高指令的针对性

——不做“买履的郑人”

第二节　改进设备

——赋予设备人的智慧

第三节　关注操作方法

——6 小时的思考超过 6 年的经验

第四节　重视会议质量

——语言变，行动更容易变

第五节　在岗位上思考问题

——持续改善流程和作业

第六节　人事测评

——综合对人和对事的评价

第一节　提高指令的针对性
——不做“买履的郑人”

丰田生产方式与提高指令的针对性

如果一定要用一句话概括丰田生产方式，我最喜欢的是这样一句话：“丰田生产方式就是体系化地提高指令针对性的实践。”

在丰田生产方式诞生和发展的每一个阶段，都伴随着指令针对性的提高，都伴随着对指令针对性提出的更高要求。所以，本节将用具体的案例来说明指令针对性的重要性，并阐述提高指令针对性需要思考的范畴。

近几年，国内的企业界和管理学界有一个热议的话题，就是如何提高执行力。提高执行力最好的答案就在于持续提高指令的针对性。其实，如果不能提高指令的针对性，无论从哪个角度去努力提高执行力，其结果都只能是枉然。

案例

实践中的丰田生产方式

背　景

我们以一家民营的种苗公司为例。这家公司的员工人数为1700多人，每年春天都是公司最繁忙的季节，一方面因为这是全国植树造林的季节，同时也是公司中绝大多数农民工要回家务农的季节。

北京市每年都会有新入伍的战士参加植树造林活动，于是双方一拍即合——由新入伍的军人帮助企业将田里符合要求的树苗挖出，并栽植到公路的两边。

由于战士们很难辨别不同规格的树苗（胸径2.5厘米和胸径2厘米凭肉眼很难分辨），所以就需要在挖树苗之前在树苗上做上记号，以便为战士提供判断的依据。

导入丰田生产方式前

以往公司的做法是这样的：雇用40名女工，在符合要求的树上用油漆做出标记。

工人的操作是这样的：给她们每个人分配一个小桶、一把小刷子、一把卡尺、一根1.3米长的木棍，要求她们在距地面1.3米处测量树苗的胸径，并在符合粗度要求的树上画上记号。

想象一下这些女工的劳动是多么艰辛：小桶里的油漆在春天的风中很快就会结痂，小刷子更是硬得无法使用，苗圃最短的一垄地从这一端到那一端的距离是1500米，她们还没有走到另一端，就需要回来用稀料让刷子软下来，并保证自己桶中的油漆还可以继续使用。实际情况是，还没有等到她们走到地块的另一端，油漆往往又结痂了。不仅如此，她们手里的卡尺和小棍往往更耽误工作，因为两只手拿着4样东西，实在很不方便。

初步导入丰田生产方式后

导入丰田生产方式的第一步就是取消1.3米的小木棍，让几十位工人把小棍放在身前，量出1.3米在她们身上的位置——高一点的人可能是到胸部，矮一点的人甚至可能超过了嘴角。这样做是为了让她们少拿一些工具。通过科学地界定手持量，可以有效地提高她们的产能。

导入丰田生产方式的第二步是将小桶和油漆的小刷换成比较

昂贵的 Mark 笔（每支 8～10 元）。当时，这一改善在企业里还引发了不大的争论，这就是“油漆是库存的，无法再使用。不利用这些油漆，而去买 Mark 笔，是一种浪费”。其实他们忽略了一位女工一天的薪水是 30 元，如果他们不能在更多的树苗上画下记号，将直接影响战士挖苗的操作。如果一位女工的产能提高 50%，就会创造将近 2 支笔的效益（导入丰田生产方式后产能最终提高了 20 多倍）。

导入丰田生产方式的第三步是提高这种指令的针对性：首先是对所有的女工进行讲解，并在讲解的过程中进行观察，即第一步是进行示范，加以说明后再进行观察。第二步，通过她们的眼神，初步判断她们基本听懂了还是基本没有听懂，之后分成两组做示范，并进行相互学习模仿和讨论。第三步，将做得最正确和最不正确的人进行比较，让大家进行评论。最后，感觉到大家基本上听懂要求了以后，便让她们开始进行实际操作。在第四步的实际操作过程中，要观察刚才那些做得不对的人是否做对了。当发现她们做得还是不够正确的时候，再次吹哨集合起来，针对问题，重新进行讲解和示范。

导入中的关键点

第一个关键点便是减轻操作者不必要的负荷。比如在距地面 1.3 米处测量胸径并完成标注的工作，其实不需要为每人发一根 1.3 米长的小木棍。

第二个关键点是将油漆换成“Mark 笔”。这里体现的不仅仅是操作上的方便，其实也更是体现出如何看待效率和成本之间的关系，如果没有思维上的转变，想在这一点上实现突破也将面临一定的困难。

第三个关键点是发布现场操作指令时，不要以“我说过了”或者“我已经说过很多遍了”作为借口，甚至不能够以“我已经在现场纠正过一些操作上的错误”作为借口，而要通过自己的眼睛去确认自己所下达的指令是否被理解、是否被正确地落实了。

其中最关键的一点，就是将让女工在树上测量胸径并完成标注的指令进行如下拆分：她们手中到底应该有哪些工具，如果她们的理解水平低，在具体操作的方式方法上该给出怎样的帮助，等等。

过程中的主要阻力

第一个阻力来自习惯性思维。有很多管理者，他们头脑中的方法过于直接地对应着理化方面的指标，比如，要求在距地面1.3米处测量树苗的胸径，他们就要拿尺子量出1.3米，并制作长1.3米的木棍，似乎只有这样，他们才觉得是在精确地提出要求，才是做出了“最规范”的选择。其实不然。管理者最重要的价值必须体现在“将工作要求转化为更容易操作的具体内容”这一能力上。

第二个阻力是针对如何综合利用企业资源方面的思考。“库房里不能使用的油漆在这里使用一下不是很好吗？既可以节省成本，又可以腾出库房的位置。”这样的说法往往在企业里很有“市场”，因为它给人的直接感觉就是站在企业利益的角度上来考虑成本。但实际上，在每一次工作中，真正需要思考的是效率和成本之间的关系，而不能只是单纯地考虑成本，否则表面上节省了成本，但在看不见的地方，企业宝贵的资源会被大量消耗掉。

第三个阻力是在现场针对具体的对象发布指令的时候，一定要在说明的过程中做示范，并观察对方是否真正理解了，最好的方法就是让她在自己的面前做上一两遍，看看做得对不对，只有这样指令针对性才能落到实处。

涉及哪些关于丰田生产方式的基本概念

本案例第一个涉及的是丰田生产方式中的“标准作业”这一基本概念。在标准作业中有关于“手持量”的说明，也就是在单位时间内操作者的加工能力与当事人手中物品的种类、多少、轻重、样式等直接相关。在本案例中，如果让女工拿着1.3米长的木棍、油漆桶、小刷子、卡尺等物品，其操作的难度便大大增加了。

本案例第二个涉及的是丰田生产方式中的“现场管理”这一基本概念。在现场管理中有关于“面对实物”的说明，也就是在具体的加工过程中，需要了解被加工物的质量标准和变化规律。在本案例中，被加工物是一个个画在树干上的标记。这种被加工物的质量标准就是“易辨别”。为此，就需要规范标记的高度及其位置（是在树的左侧还是右侧，这与操作者行走在树的右侧还是左侧有关），同时要统一标记（是一个圈还是一条杠）。

本案例第三个涉及的是丰田生产方式中的“看板管理”这一基本概念。在看板管理中有关于“不能少，更不能多”的说明，也就是在说明加工方法时，必须非常具有针对性。在本案例中，这种针对性就是女工的理解能力。为此，就需要使用示范加说明的方式，而且需要从女工中挑选不同的做法反复示范并进一步进行有针对性的说明。

其实本案例还可以从问题思维、准时化等多个基本概念出发，进行不同的注解，因为篇幅关系不再展开。在这里需要特别强调的是，面对本案例，很多管理者会说：“我哪里有那么多时间给他们讲这个?”其实这是自欺欺人的做法。

想一想，多花二三十分钟的时间，结果将是提高效率20多倍！有什么理由不多花这二三十分钟的时间呢？不仅如此，这样的时间只要多花一次，从第二次开始就会“越来越短”，并且“越来越值”。如果再换一个角度看，要求女工想象出类似本案例中的细节，现实吗？让女工们“丢掉”手中的木棍、油漆桶、小刷子等物品，换成比较昂贵的Mark笔，现实吗？让女工相互比较操作方法，从中选择出最正确的方法并加以推广，现实吗？

如果上面这些问题的答案都是“不太现实”的话，是不是要求管理者承担相应的责任呢？

需要颠覆的传统观念

上面的讲解指出，管理者最重要的价值必须体现在“将工作要求转化为更容易操作的具体内容”这一能力上：正如这个案例中提到的1.3米的高度并不一定要用1.3米的小木棍来表示一样，在不同情况下，我们完全可以采用一些替代的方法：

- 用面积来表示重量。
- 用原本代表不同高度的标尺来表示产量。
- 用时间表示距离。
- 用沉默的时间长度表示自我控制情绪的能力。

第二节 改进设备——赋予设备人的智慧

丰田生产方式与改进设备

在丰田生产方式看来，某些操作内容一旦转化成了“设备的动作”，其中的浪费不仅很难控制，甚至很难发现。因此，对操作的改善，丰田生产方式要求最终要落实到设备上：只有不断地将没有浪费的操作内容转化成“设备的动作”，企业才能获得越来越高的效益。换句话说就是，如果没有经过认真考察就将“可以转化成设备动作的操作”一律变成“设备的动作”，则很可能只能生产出不被需要的东西。

面对使用多年的设备，“如何发现问题”，“如何通过纠正问题（改造设备）来消除浪费”，下面这个案例会为我们带来很多启发。

案例

实践中的丰田生产方式

背景

这是一家在四川、山东、山西等地设有5家分厂的药厂，同时也是上市公司。

在烘干车间，根据烘干的要求和被烘干物的特点，有各种各样的烘干机，本案例涉及的就是其中一台非常常用、外观像个柜子的"立式烘干机"。

这台设备高1.8米、长2米多（设有两个门）、进深1米多。将门打开之后，我们可以看到里面是一层层类似抽屉似的"托盘"。"托盘"的高度约18厘米，"托盘"和"托盘"之间的缝隙同样也是约18厘米。

具体操作方法是：将要烘干的药粒或药粉放入"托盘"中，做到尽量均匀之后，插入货架中，之后关闭铁门，机器便开始烘干的过程。

这里还要说明的是，该设备完成一次烘干操作需要的时间至少为4个小时。

导入丰田生产方式前

该厂有30多年的历史，类似的烘干机也一直在使用。因此当我站在该设备前，提出各类问题之后，引来了操作者和车间主任以及生产部经理们的不满，他们说："这台设备原来一直都是这样的。"

虽然我不能正确描述他们所说的"一直是这样"到底有什么的具体含义，但相信多数情况下其含义很可能是类似下列的内容：

- 设备是企业购买的，来了就这么用。
- 我们一直都这样使用，也没有谁说“我们做错了”。
- 只要不出现故障，车间就不需要承担任何责任（至于效率等问题，那不属于我们的思考范围）。

初步导入丰田生产方式后

首先，将“托盘”的高度缩小了一半，同时也缩小了“托盘”和“托盘”之间的缝隙，通过这样的改造，一次烘干时间被压缩了一半以上。

道理其实很简单，我们晾衣服的时候就有同样的感觉——被烘干的物体越厚，烘干的时间也就会越长，所以通过降低“托盘”的高度，即将被烘干的药粒或药粉的厚度减少，烘干的时间当然也就减少了（因为是等比压缩，所以每一次烘干操作的产能没有任何变化）。

本次改进设备的结果，不仅仅是提高了产能，而且因为该厂实行计件工资制，提高产能的部分也使得工人增加了一部分收入，同时，这也使得企业在招工的时候有了更多的选择空间：吸引更优秀的人，提出更高的工作要求。

另一个效果是：这样的改进使企业联想到，在全国其他分厂中也可以进行类似的设备改造——不仅仅是烘干机，还有高温消毒设备……

沿着这个思路继续想下去，企业的管理者甚至开始讨论在下一次建新厂房的时候，在面积设计和工艺的配套安排上，也需要做出相应的调整，以大幅度压缩基本建设投资（这是因为，药厂的厂房要求很高，真正操作的场地占建筑面积的比例会比一般的厂房低很多。这种设计的原因是：药厂需要有消毒间、恒温间、恒湿间等，这就需要“大厂房里套小厂房”，小厂房中间还要有许多空间被单独地分割出来）。

导入中的关键点

和上一个案例相同的是，本案例最大的关键点就是转变意识。如果车间主任和生产部经理不对设备改造提出更多的要求，甚至在很多时候，如果管理者不去做出示范，如按照本案例中提到的那样做出示范，那么改进设备的要求提得再多，可能也很难得到企业预期的效果。

第二个关键就是需要进行一些计算（本案中的企业没有涉及这一过程）。其实可以将“托盘”的高度降低1/3、1/2、2/3等，同时烘干机中的除湿装置也需要进行相应的调整（比如，不仅仅是有向上抽的空气，是否还需要有侧面的气体流动，这些也需要纳入改善的设计方案之中）。

过程中的主要阻力

在本案例的落实过程中，最大的阻力来自管理者，而其中更多的成分是来自他们的面子。他们感觉到，自己在企业里面做了这么长时间却没有发现问题，而一个外来的老师在刚到车间几分钟的时间里就可以提出问题，甚至给出改进的方案，岂不显得他们不动脑子或者能力很低吗？于是，基于这样的考虑，他们成了推进改善设备努力的最大阻力。

透过上述阻力，我们其实还可以看到，企业在改进设备方面最需要同步思考的就是管理制度，尤其是针对管理者的管理制度。针对管理者的管理制度不同于针对具体操作人员的管理制度，前者更需要他们具备发现问题的能力，而后者可能更多的是帮助他们在具体的工作中提高责任心，或者是减少疏漏。

涉及哪些关于丰田生产方式的基本概念

本案例第一个涉及的是丰田生产方式中的“自働化”这一基本概念。在自働化中，有关于“让设备具有人的智慧”的说明，也就是在设备运行过程中怎样发现“不合理”。在本案例中，就是日常生活中晒晾衣物的常识与近20厘米厚的托盘之间的矛盾。当发现了这样的“不合理”后，怎样通过调整操作或者改变设备达到纠正的目的，就是“自働化”。

本案例第二个涉及的是丰田生产方式中的“提案制度”这一基本概念。在提案制度中，有关于“命题提案”的说明，也就是在生产过程中，针对各种各样的问题，特别是瓶颈问题，由管理者提出命题，并组织研究。在本案例中，就是烘干和高温除菌等操作明显出现耗能高、效率低、除菌不彻底等长期困扰企业的问题。能不能在“命题提案”中体现出管理者的责任，体现出企业必须解决这些问题的需求，就是建立“提案制度”的意义所在。

其实本案例还可以从准时化、现场管理、问题思维等多个基本概念出发，完成不同的注解，因为篇幅关系不再展开。在这里需要特别强调的是，面对本案例，很多管理者会说：“天天在同样的环境中，你让我怎么感觉出这样的问题呢?”。其实这是一句大实话。

任何人要提高自己发现问题的能力，都需要不断增加用于比较的标准，需要不断提高其中的某些标准。在企业的日常工作中，如何持续向管理者提供相关的帮助就是企业在系统层面必须完成的思考。而在这个方面，导入丰田生产方式就是非常廉价且效果明显的选择。

需要颠覆的传统观念

本案例所涉及的需要颠覆的传统观念首先是：员工说某种情况“一直就是这样”，并不代表“就该一直这样下去”。如果换一种表达方式就是：针对某种情况，只要员工说出“一直就是这样”之类的话，就意味着“是进行调整的时候了”!

颠覆这种传统观念其实非常困难。因为“一直就是这样”，所以人们觉得这便是正确的、这便是真理。也正因为没有看到其他的“到底该是个什么样子”的具体情况，所以他们很难在“一直就是这样”的理念中找出不一样的点。

所以，管理者要想让设备得到改善，要想让员工发生改变，要想让“一直就是这样的事情”发生改变，最先需要改变的就是他们自己——改变自己看待问题的眼光，走出“一直就是这样”的状态。

另外再提一点，通过本案例可以清晰地看到：只要有生活的常识就可以为设备改造提出很有价值的方案。所以必须破除类似“针对设备改造，普通操作者因为没有相关的知识，所以无力提出有价值的方案”这种传统观念。

只要愿意认真思考，每一个人都可以用智慧服务于企业的发展。为更多的人提供这样的平台，更是管理者义不容辞的责任。

必须认识到，如果一味地在“职能化管理”的小圈子里思考问题，也就是将有关设备改造工作完全看成是技术部门的事，是工程师的事，那么很可能几十年也等不来“设备改造的成果”。

第三节　关注操作方法
——6 小时的思考超过 6 年的经验

丰田生产方式与关注操作方法

关注操作方法既是推进丰田生产方式的起点，也是成功确立丰田生产方式的终点。因为只有改变了操作方法，才有可能实现诸如提高品质、降低成本、提高工艺准确度、缩短交货周期等一系列企业经营管理的目标。

如何关注操作方法，在什么样的范围里去具体调整某些操作方法，需要人们既要有系统的思考，又要有聚焦细节的热情。下面就是一个在某个操作的工序里进行相对系统调整的案例。

案例

实践中的丰田生产方式

背 景

这是一家240多人的家具厂，主要的产品是板式办公家具。其中一个主要的加工环节就是将板材锯成一个个零件，并在零件上打孔、封边，最后进行包装并送到客户那里，再完成组装。

本案例所涉及的就是其中的打孔操作，该操作由12名工人在4台专用设备上完成。这12名工人全部来自同一个省，因此他们在工作中非常“抱团儿”，以至于如果新同事不是他们的老乡，他们就不教其打孔的操作方法。于是，在很长一段时间里，这个环节上的操作几乎成了他们几个人的“小王国”。

导入丰田生产方式之前

无论是在抽屉侧板（几厘米乘十几厘米）上打孔，还是在桌子面板（上百厘米乘几十厘米）的板材上打孔，都是由两个人完成的。

他们在完成操作时所依据的是一本本产品图纸。换句话说，他们按照不同的产品，把该产品的所有图纸装订在一起之后，用计算器算出操作时所需要的数据，之后完成具体的操作。

这样做的难点就是：新来的人因为看不懂图纸，因为不能对应着待加工的板材，准确地找到产品的图纸（其实，操作时只需要零件的图纸），所以无从操作。

此外，新人还需要熟悉专用设备，那是几台意大利进口的设备，每个钻头之间是由齿轮传动的，换句话说，相邻的两个钻头的转动方向是相反的，当然，该工位上因此也就有了大量的非标准钻头，这也成为“不能让新人动非标准的钻头，否则弄坏了企业损失很大”的某种依据。于是，新来的员工基本无法完成哪怕是最简单的操作。

初步导入丰田生产方式后

第一步是根据打孔材料的尺寸大小，将操作分为1人操作和2人操作两种（小料由1人完成，极个别的大料才由两个人完成）。这样的分配使得企业在完成同样操作的过程中所支付的计件工资部分有了明显的下降。

第二步是改善图纸。取消在现场需要计算的工作：将所有需要打孔的板材，在原有的产品编号之后，增加板材自身的编号，如侧板、背板等，并彻底调整标注的方法：因为原来直接使用产品图纸，所以上面的尺寸是孔和孔之间的距离，是孔到板材边缘的距离，而通过调整之后，这样的距离被取消了，取而代之的是钻头之间的距离（用钻头间隔数来表示），并根据设备的情况，完成方向性的标识（要明确将哪一边靠在机器端头、将哪一边靠近卡尺）。

第三步是将设备操作步骤化。也就是第一步将卡尺调到哪里，第二步将排钻的位置设定在哪里，第三步是使用第几号和第几号钻头（标注旋转的正反向）。

这样做的结果是：即便是刚刚入厂的新工人，也可以摸索着进行一些简单的操作，并且因为不需要在现场进行计算，因为设备操作实现了步骤化的要求，所以提高熟练度的过程就变得十分迅速（几个小时的操作之后，其产能就已经超过了工作时间长达六七年的“老工人”）。原因很简单，因为省略了繁琐的计算过程（不仅繁琐还要反复核对，以保证正确）。

因为设备操作实现了步骤化，也就去除了操作者的随意性。在原有的操作中，操作者会根据自己调试设备的第一步操作，去思考怎么样把第二步配合到第一步上，以此类推，直到第六步怎么样配合到第五步上。而新的做法完全去除了“边判断、边操作、边思考”的过程，所以极大地提高了操作速度。

导入中的关键点

在这一案例中，最关键的一点就是如何改变图纸。因为只有改变了图纸，才能使操作中的计算和“边操作边思考”等工作完全被省略。我们知道，家具厂中的农民工，其数学基础往往很差，更没有看图的能力，所以，如果不首先去除“边看图、边计算”这一工作环节的话，指导他们完成打孔的工作就会变得很困难。

第二个重点是按照被加工板材的大小，重新调整操作的人数。改变这一点其实也很困难。原因就在于原有的12个人非常团结，他们会说，“这样打不好，会打偏，那样会打错，两个人去打，会有一种彼此监督提携的作用”。而事实当然不是这样。

第三个关键点是将操作要求步骤化。要做到这一点，需要在原有设备上做一些标识，比如说在设备上用油漆突出某一个位置，或用颜色表明钻头的旋转方向……而所有这一切操作，即便是原来的12个工人进行非常积极的配合，也很难完成，因为他们缺少相关的知识和经验。这也就是说，这一步操作实际上需要管理者（推进改善工作的责任人）相对全面地了解企业中的各种设备。或许他不知道怎么样改善打孔设备，但是他至少要提出方向性的意见，因为只有方向正确了，才有可能在实践中不断丰富细节层面的内容，提高要求的精确化程度。

过程中的主要阻力

第一个阻力来自于12个原打孔工人担心改革之后他们自身的利益受损。按照他们的观点，只有自己人控制打孔操作，他们的利益才能得到保证。而实际情况是，因为他们这样做了，他们的产能就被限制在了一个并不高的水平上，所以他们的工资其实并不高，当然，与此对应的是提高工作稳定性会让他们比较放心。

第二个阻力来自绘图人员，在绘制产品图之后，他们还要去绘制服务于打孔的专用图纸，他们认为这样做增加了自己的工作量，所以不愿意去做。其实这个问题的背后是企业如何看待该问题：花一部分钱，一次性将原有的产品图纸转化成服务于打孔用的专用图纸之后，企业可以长期受益。企业从破除以前的内部“小王国”似的壁垒等方面获得的收益，远远超过需要支付的加班费。

第三个阻力就是在专用设备上将操作要求步骤化，因为这项工作确实需要管理者和熟悉设备的人员在进行积极的互动之后，才能初见成效，所以不论是从企业的制度（特别是分配制度）上，还是企业对管理者以及技术人员的要求上，都需要做出一系列持续的调整，才能使类似本案例中改善操作方法的工作得以推广。

涉及哪些丰田生产方式的基本概念

本案例第一个涉及的是丰田生产方式中的“看板管理”这一基本概念。在看板管理中，有关于“不能少但更不能多”的说明，也就是在每一个具体的操作指导中，必须仅提供必需的指令。在本案例中，撤销产品的图纸，代之以直接服务于打孔的图纸就是关键的前提。有了这样的前提之后，才有可能将针对操作设备的方法，特别是涉及尺寸的注释，用更容易被几乎没有什么文化、看不懂图纸的操作者理解。

本案例第二个涉及的是丰田生产方式中的“现场管理”这一基本概念。在现场管理中，有关于“面对实物”的说明，也就是在具体的加工过程中，需要了解被加工物的质量标准和变化规律。在本案例中，被加工物是各种各样的板材，因此首先需要完成对“各种各样板材”的分类：大一些的和小一点的，因为尺寸上的变化直接影响操作方法。当然还需要在工位上为提高效率想出更多的办法，比如：加工前板材的位置和完成加工后板材的位置、人和设备以及板材的位置关系（也就是操作者的行动轨迹和距离是不是合理）、设备上以及钻头上的标注是不是清晰易辨等。

本案例第三个涉及的是丰田生产方式中的“准时化”这一基本概念。在准时化中，有关于“系统思考”的说明，也就是在改善打孔操作的效率和效果的方案设计时，不仅要考虑相关图纸的改进、考虑工资发放的方式、考虑言简意赅地说明设备的操作方法等问题，还要考虑操作者的实际情况（是否已经结成了某种特殊的利益集团）、画图人员会不会提供帮助、怎样保证最初尝试的成功等一系列问题。在本案例中，因为企业没有相关的经验和参考，作为第一次的尝试，能不能找到有能力综合解决上述问题的骨干，或者找到有类似经验的顾问，就成为了关键。

其实，本案例还可以从问题思维、无库存管理等多个基本概念出发，完成不同的注解，因为篇幅关系不再展开。在这里需要特别强调的是，面对本案例，很多管理者会说：“我们企业中类似的现象和问题多得是，凭一两个人怎么可能解决完呢？”这的确反映出了一些管理者的心态。

想一想，如果企业有了几次类似的经验，或者仅仅只有一次这样的经验，情况会不会有很大的变化呢？答案是肯定的。因此，关键问题首先不是“如何在更大范围内推广类似的经验”，而是“如何首先拥有哪怕只是一次类似的经验”。

本书的写作目的之一，就是让更多的企业通过学习第二章的内容，更全面、更系统地理解丰田生产方式。在此基础上，通过第三章的案例，尝试在自己的企业中模仿出类似的经验。甚至在最初的实践中，都不要求取得类似的效果——因为只要有了不同于以往的做法和想法，接下来的一系列变化将不可阻挡。

需要颠覆的传统观念

第一个需要颠覆的传统观念是从打眼的工人，到该工段的负责人，再到绘图人员、管理者、设备维护人员等对自身利益的认识——只有简化操作内容、提高操作精度才能大幅度提高产能，也只有从根本上解决了如何持续提高效率的问题，相关人员才能实现不断提高自身收入的目标。

第二个需要颠覆的传统观念是对自己“分内工作”的认识。比如，绘图人员原来认为自己只要把图画完就行了，殊不知，他如果只是在这个层面上认识自己的工作，不仅收入很难提高，而且岗位的稳定度也将值得怀疑——因为他并不是负责产品开发工作的，他只把一些已经成熟的想法用图纸表现出来，也就是仅仅做一些描绘工作。通过这样的工作很难持续体现其自身的价值。于是，当企业的经营发生变化，哪怕是一些很小的变化时，类似这样的岗位可能会最先受到冲击。

第四节　重视会议质量
——语言易变，行动更易变

丰田生产方式与重视会议质量

坦率地讲，在丰田生产方式中，并没有一个特定的概念直接对应于重视会议质量。之所以将它列出来，是因为我坚信：“会议变一分，企业变十分”——因为参加会议的往往是企业的管理人员，他们不仅手中握有权利，而且他们的工资在企业中也是相对高的。如果会议本身没有质量，会议中提出的问题没有质量，会议中达成的结论没有质量，那么，企业的决策、企业工作的调整等一系列工作就很难有质量上的保证。

因此，下面的案例就是从丰田生产方式最基本的视角出发，综合丰田生产方式中的几个核心概念，帮助人们重新审视会议质量的问题，并帮助企业有效提高会议的质量。

案例

实践中的丰田生产方式

背　景

这是一家拥有员工超过1700人的服装制造企业。该企业属于一个更大的企业集团，而集团的历史已经有50年了。

该企业每个月都会开几次针对生产的协调会。会上大家往往提不出问题，而只是说一些表面的现象，或者宣泄一下自己的情绪，也正因为如此，该企业的管理存在这样或那样的漏洞。为了提高管理者的素质，改善会议的质量，从2008年起，企业邀请我们通过帮助他们调整会议的形式，明确针对会议的一系列具体要求，来达到提高会议质量的目的。

导入丰田生产方式前

会议可长可短，短则几十分钟，长则几个小时，但是却没有任何记录，不仅没有针对发言人的记录，更没有针对问题的记录。

几年下来，只有年终总结会和几个极其重要（往往是集团领导参与）的会议才有会议纪要，即便是被要求提交会议纪要的那几次会议，也很难从纪要中看出在本次会议中讨论了什么问题，得出了什么结论，以及相关的责任是怎样被落实到具体的工作项目中或者是责任人身上的。

当然，这也就很难使每一次生产调度会彼此之间建立任何的联系——这一次会议承接上一次哪些未被解决的问题，并针对下一次会议提出哪些更具指导性的建议。

初步导入丰田生产方式后

首先导入的便是会议的记录——针对部门、针对问题、针对发言人、针对领导班子布置下来的每一项具体工作等，进行相应的记录（并不是由更多的人来完成记录，而是由专职记录人员首先完成记录之后，分别按照上面的命题粘贴成不同的子文件）。

每次会议中认真记录领导的要求，并在会议结束后将领导的要求分类汇总，结合部门现行的制度和操作规范，进行不同的合并。

针对领导对下次会议讨论内容的要求，如相关人员在本次会议结束之后需要落实的工作，或者领导要求追查某次拖延交货，或者查清某次质量事故的原因等时，将它们划归到与其对应的ISO9000的相关规定中，以便形成足以指导具体工作的流程和标准。

每月从会议相关记录中提炼出针对不同人、不同岗位、不同部门、不同工作的具体要求，并要求相关责任人每月针对这些要求给出答案，也就是哪些做了、哪些做完了、哪些做成了、哪些做好了。

因为导入了这样的机制，也就使得在每一个阶段，企业领导班子对于中层工作的指导以及部门领导对部门内骨干及其一般操作者的要求更加清晰。这样坚持下去，也就使得每年的年终总结变得既容易又有针对性，既节省了时间，又提高了质量。

导入中的关键点

最困难的就是记录。具体说明其中的难点并不容易，首先在记录技巧方面就存在着许多难点，如速度、准确性、不要遗漏重点内容等，同时还要求随时用精准的语言概括发言人的意思，而更困难的是：遇到这些问题时，负责记录的人员采取什么态度去面对。

第一个难点是把会上的发言转化成相对规范的文字，要将记录下来的问题以及针对工作的要求清晰地描述出来。即便请来速记公司的人，把3个小时的会议整理成四五万字的文字，也很难达到这样的要求。寻找到一个合适的记录人员，对于这样一个有着50年历史的企业，也不是一件容易的事。

第二个难点是当参会人员知道将会十分详细地记录会议内容时，会变得谨小慎微，在会上的发言畏首畏尾，生怕多说了什么“不该说的话”。因此，这就需要建立相应的制度，让他们放心，并提供相关的培训，帮助他们认识到以前的工作方法中存在的各种问题。

第三个难点就是汇总。因为同一条记录的内容其实是可以放在不同命题下的，而这一点在最初不被绝大多数人员所理解。

比如说，交货期晚了，他们认为相关的讨论就应该放在“交货期晚了”这个命题中来进行汇总。其实，造成交货期晚的原因有很多，如原材料未能及时到货，这实际涉及的是采购的问题；比如因为品质出现瑕疵需要返工，造成了交货期的延误，这实际涉及的是质检和工艺设计的问题；比如因为设备缺乏或设备故障，造成了交货期的延误，这涉及的是设备动力的问题，以及对市场预测后进行设备选型的工作问题……

所以，即便是针对“延误交货”所进行的讨论，也需要根据上述问题的性质来进行重新分类，而这一点既涉及管理能力的问题，也涉及利益分配的问题。谁的问题多，就会在年终分配上体现出来，所以人们会有所担心。

过程中的主要阻力

过程中的主要阻力首先来自于参会人员的抵触。

他们认为：我们一直这样开会，每年不也能完成几个亿的产值吗？为什么非要对我们提出如此苛刻的要求？

针对这样的阻力，我们更多的是采用讲道理的方法。告诉他们："你们的工作是多么的繁忙，你们每年为企业的生存和发展贡献了那么多的心血，但是有多少努力取得了期待的效果呢？你们还能说清楚上个月都忙了些什么吗？能否说得清楚下个月准备忙些什么……"而他们对这些问题没有明确的答案，不恰恰说明他们在工作中存在着不同程度的盲目性吗？

过程中的第二个阻力是逐步显现出来的，即来自于领导班子的阻力。

当会议的质量不断提高、一系列问题被归纳并被提炼之后，所有人就能越来越清楚地看出问题的本质和接下来需要做的工作都有哪些：可能需要企业负责技术的总工程师给出答案，可能是需要负责销售的副总给出对市场未来的判断，可能需要负责企业运营的生产副总针对流程如何调整持续给出新的命题和有效的指导，可能要求负责全面生产保障的副总重新计算能耗，以及实施设备保全的具体方案……

而这些领导从来没有被别人这样要求过，也从来没有发现下属可以思考得比自己更广、更深。面对这样一种自己不习惯的局面，当他们手中仍握有权利的时候，管理就很容易被异化——他们就会置疑改革会议的初衷，会置疑为什么会议质量提高后会出现令他们自己尴尬的事情。他们会觉得"所有这一切事情的发生，是不是和他们最初的要求有了比较大的距离，是不是在操作的过程中原来的要求被修改了"？当然，实际情况并非如此。

这是因为，提高会议质量的最终结果必然是促进相关各层领导者对自身职责的认识，并帮助他们提高分析和解决问题的能力。而所有这一切都不可能是一蹴而就的，管理者必须不断加强自身的学习，特别是围绕"如何提高思维质量"展开的学习。

涉及哪些丰田生产方式的基本概念

本案例第一个涉及的是丰田生产方式中的"标准作业"这一

基本概念。在看板管理中，有关于“标准作业的前提是作业标准”的说明，也就是针对每一项具体工作，都必须有明确的指令，都必须明确针对成果的要求。在本案例中，首先要明确：会议本身首先是一项具体的工作，而且是一项非常重要的工作。所以在开会前和会议结束后，都必须有针对操作的具体要求，同时在开会的过程中也要明确基本的要求，如记录。

本案例第二个涉及的是丰田生产方式中的“现场管理”这一基本概念。在现场管理中，有关于“面对实物”的说明，也就是在具体的加工过程中，需要了解被加工物的质量标准和变化规律。在本案例中，“被加工物”是各种各样的数据、讨论，甚至是界定责任。因此首先需要完成对各种各样“被加工物”的分类：容易规范的和难以规范的，因为操作难度上的不同，直接影响了具体的要求内容和要求方式。当然还需要针对参与者和会议性质加以区别对待。

本案例第三个涉及的是丰田生产方式中的“问题思维”这一基本概念。在问题思维中，有关于“没有比较就没有问题”的说明，也就是在讨论问题的时候，必须给出具体的比较。比如：这是第几次出现类似的问题；上一次类似的讨论有没有结论；落实以前的措施效果怎么样；相关责任的认定是不是在进一步的实践中发现了新的矛盾；等等。如果这样的比较不容易发现问题，至少也需要针对下列项目进行比较：

1. 每次会议上发言的情况——什么人针对哪些问题的发言更多一些（或者更少一些，甚至没有发言）。
2. 在具体工作阶段上，企业要求参会者提出哪些类型的问题，其中哪些人的配合更积极。
3. 哪些人在对特定的问题进行持续关注（没有持续的关注和研究，就很难解决任何问题）。

有了这些记录，参会者就一定会有所变化，因为这些记录可以成为评价管理者工作态度的直接依据。而只要参会者开始有所变化，那么接下来的一系列变化将随之而来。在本案例中，记录下来的笔记以及每次会议后的及时汇总，不仅仅发挥了上述的作用，更为发现和解决具体问题提供了重要的依据。

其实，本案例还可以从无库存管理、提案制度等多个基本概念出发，进行不同的注解，因为篇幅关系不再展开。在这里需要特别强调的是，面对本案例，很多管理者会说："绝大多数企业的会议效率低甚至没有效率，怎么可能用这么简单的方法就实现改变呢?"其实，这样的心态源自没有相关经验，换句话说，只要努力提高会议质量，哪怕是持续努力3~6个月，这样的顾虑都会消失。

帮助更多的管理者打消类似的顾虑，企业将因此收获远远超过预期的效益。为此，企业在最初阶段必须明确哪怕有些严格的规定。只要有了几次类似的经验，情况就一定会有很大的变化！和其他改革一样，这样做能否成功，关键就在于有没有骨干，或者是否找到了有经验的顾问。

需要颠覆的传统观念

提高会议质量往往是决策者要求执行层面（部门主管层面）完成的工作。但真正落实这项工作之后，你就不难发现，伴随着该项工作的推进，决策者自身也会得到大幅度的提高，而且其提高的幅度将超越中层执行者。

也只有这样，才能进一步推进这项工作，并最终实现提高会议质量的目标——压缩成本、提高品质、缩短交货期等。而所有这一切目标实现的背后，则一定伴随着管理者"思维质量"的提高。

第五节 在岗位上思考问题
——持续改善流程和作业

在岗位上思考问题

在岗位上思考问题包含着“在岗位上思考”+“思考问题”两层含义。

在岗位上思考，意思是在现场思考，即面对具体的事、具体的被加工物、具体的操作方法和具体的成果要求等进行的思考。而思考问题则是站在岗位的角度上思考超越岗位的问题，也就是说，如果想把某一个岗位的工作做好，实际上会有超过一半的内容需要在该岗位之外完成思考。需要创造外部的有利条件，才有可能帮助该岗位大幅度地改善工作效果、提高工作效率。

丰田生产方式与在岗位上思考问题

丰田生产方式不光是关于“怎么做”的理论和实践，更是关于“怎么想”的理论和实践。丰田生产方式的成功已经雄辩地证明：不论要改善哪个岗位上的工作，都需要从内和外两个角度进行思考，才能最终达到所期待的状态。

从这个意思上讲，虽然在丰田生产方式中没有与之直接相关的一些基本概念，但是“在岗位上思考问题”这样一个命题，却可以非常好地容纳诸多丰田生产方式中的基本概念。

案例

实践中的丰田生产方式

背　景

这是一家坐落在北京郊区的板材厂，拥有员工170人，工厂的一项重要业务就是给企业制作屏风，也就是在他们自己的主业（制作板材）之外，还需要使用一些铝材、布料、玻璃等组装成屏风，并进行销售。

在组装屏风的过程中，需要将密度板裁成屏风所需要的尺寸，并将剪切后的边缘磨圆，以增加美观和安全性（不会造成手被刺伤等意外情况的出现）。

导入丰田生产方式前

剪裁中密度板的操作是由2~3人完成的（大多数情况下是2人，有的时候工作忙，老板希望尽快交货的时候会增加到3人）。一般来说，数百平方米的屏风所需要的密度板，2~3个人需要2~3天才能完成剪裁的工作。具体做法是：由叉车工将原材料运到该工段，并基本上是随意地、按照叉车工的意图将板材放在某一个位置，当工人裁剪完板材之后，再由叉车工将加工好的中密度板运到下一道工序。

工人的操作是先将板材进行切割，再把切割好的板材移动到磨边机旁进行磨边，之后把它们作为完工的等待组装零件放置在一边，等叉车工来把它们运走。由于没有详尽的操作要求，他们经常会长时间等待叉车工，同时在闲来无事的时候，甚至会将板材无限度地向高处码放。我所见过的最高的码放高度距离地面2.4米。他们需要踩着板凳才能将板材挪上去，这样做不仅浪费时间，而且很危险，一旦倒塌将造成巨大的损失（板材也会有破损）。

初步导入丰田生产方式后

首先，是让叉车工按照要求的时间去搬运。相对其他加工板材的工人而言，叉车工是令人羡慕的、有一技之长的工人，因此叉车司机的收入也比较高，工作往往没有很严格的限制。而导入丰田生产方式之后，首先就要求他按照约定的时间送去板材，并放置到有黄油漆标注的正确位置上，而且还需要按要求的时间搬运已经加工好的零件（板材）。

这样做的好处是：不仅让加工场地变得更加有序，同时还减少了在工位内的搬运量，从而在节省大量时间的同时，最大限度地保护了操作者的体力。

其次，是将锯板材的设备和磨边的设备摆放在一起，板材在被锯完之后，几乎是在相同的高度上，直接放置到磨边的机器上，因为不需要将沉重的板材搬上搬下，这样做不仅效率高，而且更节省体力。

将磨完边的板材就近放到机器旁，因为我们在机器旁预留了足够码放两摞板材的位置，一旦这两摞原材料变成了被加工完的板材，并且达到1.6米的高度之后，就会被叉车司机运走，从而保证了场地上不会因为原材料或制成品过多而造成更多的搬运量。

最后一点就是码放的高度。原材料也好，加工完成的板材也好，高度要求不超过1.6米，因为过高不仅危险，而且也会因向上托举而消耗大量体力。经过这样的改造之后，加工能力提高了将近6倍。

导入的关键点

第一个关键点就是教育叉车司机。首先用制度约束他的搬运时间以及在码放位置上的新要求，并且告诉他，这样做其实也是在保护他的利益，因为板材如果过高，他在搬运的时候也会增加难度，一旦破损他的收入也会受到影响。

第二个关键点是挪动设备，规划工位内的加工小流程。因为原来的流程是先锯后磨，所以同样一块原材料会被多次搬上搬下，同时搬下设备之后，还需要用手动叉车进行工位内的移动，不仅消耗时间和体力，而且也存在一些不安全的隐患。

第三个关键点就是在规范码放高度的同时，更详细地规范了取板放板的技巧（增加板材在没有碰撞的情况下的滑动，这样不仅节省体力，而且可以提高速度）。

过程中的主要阻力

第一个阻力来自叉车工，他非常不愿意受到那么多的限制，并提出在工位内移动叉车会有碰撞设备的危险。当时，我们没有简单地将他的说辞看成是“借口”，而是看成“如果需要叉车工搬运，会遇到哪些不便”的提案。我们要求工人分别在工位的两端码放原料和制成品，这样就使得搬运的过程远离了设备。这不仅让叉车工没有了借口，而且进一步改善了搬运的操作过程。

第二个阻力来自操作工人。当他们在面对如何拿板、如何放板、如何锯、如何磨边等非常细致的要求时，一开始会觉得很麻烦、很不适应，但只要带着他们做一段时间，他们就发现：自己在更短的时间里可以加工更多的板材（因为是计件工资，所以他们的收入也会相应提高，很快，他们的态度也发生了积极的转变）。

涉及哪些丰田生产方式的基本概念

本案例涉及丰田生产方式的标准作业、准时化生产、现场管理、问题思维等基本概念。就标准作业而言，首先是作业的标准——在多长时间内应该完成多少加工量，当然这也就涉及总的搬运量和体力的支出，为此就需要设计更合理的搬运方式，以及人和机器的位置、机器和机器的位置、原材料和机器的位置、制成品和机器的位置等。

需要颠覆的传统观念

岗位内的操作人员需要通过自身的努力，去解决各自岗位内的问题。但是更有效的方法是在一个更大范围内讨论如何改善该岗位的工作，同时让这些操作者参与到讨论和尝试的过程中。

所谓颠覆传统观念，就是“每个人把自己的工作做好了，整体工作就会好”这样的提法是值得表扬的，但是在具体工作中，如果按照这样的思路去做事，往往很难达到预期的效果。

从本案例中可以看出，板材的加工操作者既没有权利更没有智慧去持续影响叉车司机，当然也就更没有办法去影响高层领导来改变机器设备的位置，以及加工小流程。所以他们把自己的工作做得再好，也只能在很小的范围内改善操作的效果、提高操作的效率。

第六节　人事测评——综合对人和对事的评价

人事测评

所谓人事测评，就是由对“人”和“事”构成的两方面的内容进行测评。对“人”的评价是为了下一次做“事”的时候能够更有效率、更有效果。对于“事”的评价是要影响“人”对“事”（也就是工作）的认识，从而改变做“事”的方法。

对“事”的评价是人事测评的基础。因为如果没有澄清发生了什么，没有澄清其中哪些是被期待的成果，哪些是不被期待的问题，那么对“人”的评价也就失去了方向和标准。对“人”的评价是人事测评的目的，因为所有的“事”都是“人”做的，当我们通过各种手段鼓励某种行为的时候，这种行为就会被放大、被推广，反之，当通过各种手段惩罚和限制某一种行为的时候，这种行为就会缩小，甚至被杜绝。

丰田生产方式与人事测评

在丰田生产方式的诸多基本概念中，没有单独的直接与人事测评相关的内容。但是不论是看板管理，还是无库存管理，还是准时化生产、自动化，其实都可以从人事测评的两个角度即对“事”的评价和对“人”的评价进行重新诠释。

从这个意义上讲，丰田生产方式其实也是一种新型的人事测评的理论和实践，它通过无库存管理告诉所有的操作者，哪些操作是不可以随意进行的；它通过准时化生产告诉所有的管理者，需要系统地思考问题；它通过标准作业，让所有针对事情的新想法，都可以通过提案制度直接落实到标准作业中……

案例

实践中的丰田生产方式

背　景

这是一家400多人的工程公司，属于外商独资企业，其母公司的总体业务在业内全球排名中名列前茅，在北京的分支机构有400余人，年销售收入6亿~7亿元人民币。公司的主要业务涉及设计、采购、质检组装、试车等一个比较长的工作链。

实施人事测评的初衷，是要帮助人们正确地认识工作，并发现工作中的问题，从而为解决问题创造条件。

导入丰田生产方式前

该公司已经连续三年在自己公司的内部每年组织一次人事测

评。基本的做法和国内绝大多数企业相类似，由“自己给自己打分”和“领导给下属打分”两部分组成，但是每一部分所涉及的内容又有某种程度的雷同。

比如，测评会涉及任务的完成比例、与人沟通是否积极、工作态度是否认真、是否好学等一系列指标，而且还需要评价者给出具体的分值。

然而，问题在于：因为没有任何客观的标准，三年评价下来，工作并没有得到明显的改善，相反一些问题频发的部门还会评出一些先进工作者，企业还要每年为他们发奖金、为他们涨工资。

这家企业逐渐意识到，传统的人事测评不仅没能帮助企业发现问题，更没能按照企业所期待的那样，让所有经过测评的人不仅能够发现自己在工作中的不足，而且还能通过测评让自己的工作得到进一步的改善。于是他们决定导入新的测评方法。

初步导入丰田生产方式后

第一就是要求参与测评的人，无论是自己给自己打分，还是领导给下属打分，必须将这一年的工作分别划归到四类情况中：做了什么，做完了什么，做成了什么，做好了什么（所谓“做了”就是在被要求以后，当领导再次追问的时候，能有所回答。所谓“做完了”是至少在数量、功能等一些基本的成果指标上能够满足领导的要求。所谓“做成了”是指工作的成果可以为企业直接贡献利润，或为其他人的工作提供明显的方便。所谓“做好了”就是不仅为别人提供方便、为企业创造利润，而且还可以成为规范的操作，使得以后的类似操作会变得更容易，更少出错误——作者注）。

完成上述分类之后，还要提供每一部分占总体事情的比例，并给出具体案例，加以说明。

第三部分是复述其他人（包括下级、同级、上级）对自己工作的要求和期待。之所以纳入这一条，是因为在绝大多数场合下，很多人甚至无法罗列出这些具体的内容，当然这也就意味着“一个人在不能说清楚别人期待他怎样去工作”的时候，他对工作的改善将会变得既没有动力也缺少方向。

最后一点是要求每个人在评价自己工作的时候，要尽可能完成对其领导工作的描述。之所以添加这一点，是因为如果想把自己岗位内的工作做好，就必须在某种程度上超越自己的岗位，去关注其他工作。比如，谁在使用自己的工作成果，在使用的过程中是否感觉到了方便等。通过要求当事人关注他领导的工作，就是要有目的地引导他在企业现有的框架和制度内进行思考——如何改善自己岗位内所有工作的思考方向。

导入中的关键点

导入中的第一个关键点，是对工作成果进行定性分析。因为在传统的人事测评中，几乎不存在将自己的工作成果进行分类、给出比例，并提供具体案例的要求，所以做到这一点会有些困难。

导入的第二个关键点，是罗列所有涉及岗位要求、工作要求的具体内容。因为在绝大多数场合下，很多人缺乏这样的记录，更没有这样的汇总，所以，这一条其实也是要求企业重视记录工作，如会议记录、随时调整岗位上的具体要求等。

导入中的第三个关键点，就是让下属关注其领导的工作。这一点如果没有相关的培训工作作为支撑，领导就会感到紧张，下属也会感觉到无从下手，从而最终会导致这一良好的动机落空，而做到这一点，其实领导更需要采取主动的工作态度。

过程中的主要阻力

首先出现的阻力来自于人力资源部。因为当我们阐述了新的评价方式以后，人力资源部会首先感受到压力，他们会认为采取这样的评价方式，虽然操作起来好像会比原来的方法容易，因为不需要给出具体分值，但同时又意味着将会暴露出很多具体问题。虽然这样的测评有助于企业提升管理水平，但从另一个侧面，也说明人力资源部在前几年的工作中存在这样或那样的问题。所以，首先要和人力资源部进行充分的沟通，并帮助他们打消不必要的顾虑。

过程中的第二个阻力来自企业缺乏系统的记录。针对不同的岗位、针对特殊的项目、针对会议决议等一系列的内容缺乏系统的统计，更没有基于特定目的而进行的重新归纳和分类，于是就使得在对评价的结果进行“再评价”的过程中缺少了依据（所谓“再评价”就是当每个人对自己完成评价之后，怎样评价这份评价报告，当领导给下属做完测评之后，如何评价这份评价报告）。因为缺少对评价进行“再评价”的依据，所以在接下来的抽样工作中，也就是当我们需要亲自和当事人通过对话来确认一些基本测评样本的价值时，就会出现很大的困难。

第三个阻力来自于相关的管理者。当他们发现通过这样的评价，看到其下属绝大多数的工作只属于“做了”和“做完了”的层面时，他们就已经开始感到紧张，因为这样的测评结果，实际上是说明他们在工作中缺乏指令的系统性和针对性，说明他们并没有对部门内的岗位制定更详细的要求，提供更直接的帮助。

当然，得出这样的测评结果，非常有助于企业进一步提升管理水平，但是在问题刚刚暴露的最初阶段，却会造成一定程度的混乱和不协调的声音，所以，导入这样一种基于丰田生产方式的新的测评工作时，至少要与测评工作同步展开一些辅助性的培训工作，目的是要告诉大家：只有暴露问题，只有共同分析问题，才有可能使得接下来的工作因更具针对性而变得更富有效果。

涉及哪些关于丰田生产方式的基本观念

在这个案例中，首先涉及的丰田生产方式的基本观念是“问题思维”。在“问题思维”的说明中可以很清楚地看到：如果找不到问题就没有办法进步。所以评价人和评价事的重要内容就是找问题。如果一个人在工作中看不到自己的问题，从某种意义上说，就是当事人缺乏责任感的证明。

第二个涉及的丰田生产方式的基本观念是“准时化生产”。通过提高“准时化生产”的要求，会暴露出一系列的问题，面对这些已经呈现在眼前的问题，各个环节上的人员到底是什么样的态度？采取了哪些有针对性的行动？

从大的背景讲，本案例几乎涉及丰田生产方式的所有基本概念。这是因为人事测评就是评价人、评价事。评价人和评价事的目的无疑是要发现问题、解决问题，无疑是要服务于现场管理。而丰田生产方式就是服务于同样的目的，甚至可以说，丰田生产方式本身就是一套人事测评的理论和实践体系。

需要颠覆的传统观念

第一个需要颠覆的传统观念是：测评工作是总结性的工作。已经完成的工作，不论怎么样评价都不可能再改变。所谓测评工作是要为下一步工作提供服务，也就是如果不能发现问题，测评工作就失去了其最主要的价值内涵。

第二个需要颠覆的传统观念是：定量评价一定比定性评价更重要。从这个案例中我们可以清楚地看到，在测评工作结束后，你可以给出86分、72分、93分等具体分值，但是即便是在企业内持续进行了3年的人事测评工作却仍然不能发现问题。而基于丰田生产的基本概念所编制出的测评方案和标准，虽然不能给出具体的分值，却可以暴露出大量的问题，如果是第二年、第三年用同样的方式来进行测评时，当然可以给出一些具体的分值作为参考的依据。

第三个需要颠覆的传统观念是：领导者一定比下属更了解工作。从这个案例可以看到，当下属的自我评价中绝大部分的工作仅仅是处于“做了”和“做完了”的水平时，暴露的其实不仅仅是下属对工作概念的模糊，以及对工作标准方面的缺失。如果从更深层次进行反思的话，这些现象会进一步说明其领导需要为梳理工作体系付出更多、更具体的努力。

第四章

解决具体问题

第一节　为什么有阻力
第二节　自上而下与自下而上
第三节　怎么处理“反复”
第四节　为什么要重视语言
第五节　怎样进行系统化的思考
第六节　重新树立管理者的价值
第七节　发现问题和解决问题是两件事情

第一节　为什么有阻力

习惯的力量

有哲人曾经这样评价习惯的力量："只有宗教的力量可以与之匹敌。"可见，当一个人或组织形成了某种习惯之后，改变它将是多么艰难的一件事——相当于让他们换一种信仰。

所以无论是大的改革，还是小的改革，都将遭遇来自习惯力量的坚决抵抗。当然，导入丰田生产方式也将毫不例外地遭遇来自习惯力量的抵抗。

但有一点可以使决心导入丰田生产方式的管理者放心，这就是导入丰田生产方式有这样一种特性，你既可以从极小的细节开始，也可以从一个流程的片断开始，还可以从企业的整体管理模式开始，这样就为企业提供了足够自由的空间来选择起点。

不仅如此，导入丰田生产方式还有这样的特点，那就是阻力会越来越小，要让企业逐步拥有这样的机制——喜欢变化、喜欢挑战，并通过变化和挑战实现不同层面人员的自身价值。

改革必然调整利益关系

众所周知，任何一场改革，不论其大小，都将因为工作内容的增加或减少、工作项目的合并或删除、工作成果评价标准的改变等一系列的原因，最终导致在利益关系上发生变化。

这就意味着原来具有权威的人，现在可能不再有权威了；原来可以相对轻松的岗位，现在变得不再轻松了；原来还不被察觉的问题，现在暴露出来了……这一系列令人不舒服的、涉及利益的变化将持续发生。

面对这样的变化，我们很难保证所有相关人员都能正确地理解，都能从积极的角度给出回馈，所以改革就会因此而遭遇困难。

让决心导入丰田生产方式的管理者放心的是，导入丰田生产方式的改革对于利益关系的梳理方向始终是一致的，即一旦你开始导入丰田生产方式之后，对于梳理利益关系的努力就将呈现这样一种局面：每一次努力都可以承接之前努力的成果，同时也将成为下一次努力的条件和资源。

为自己的判断寻找依据

任何一次改革都必须有具体的内容——要改变的到底是什么以及怎么改。

设计改革方案的时候，无法回避的是那些管理者头脑中根深蒂固的价值观。比如我们在第三章第四节中列举的改善会议质量的案例，在最初和企业决策层沟通的时候，笔者提出了要加强基础数据的采集和管理问题，但是当时遭到了所有人的反对。

是不是在改革的内容中就要将涉及基础数据的管理这部分内容删除呢？当然不是，因为该领导班子如果能够意识到提高会议质量的必要性的话，他们一定会对管理有着非常先进的理念和思路，之所以反对基础数据管理，或许是因为他们觉得时机还不成熟，或许是因为他们还没有感受到加强基础数据管理之后可以为企业整体管理提供哪些方便。不论出于什么样的原因，他们在那个时点拒绝加强基础数据的管理的建议，并不代表你在改革方案中要删除该项目。

在推进提高会议质量的过程中，每一步我们都实践着如何加强基础数据管理的理念和方法，而最终得到了企业领导班子的认同。

所以，当你要在改革方案中增加或删除某一些内容的时候，一定要为其找到确切的依据，因为如果毫无依据地增加或者减少改革方案中的具体内容，影响到的很有可能不仅仅是那一个阶段的改革成效，还会持续影响其后的一系列改革。

导入丰田生产方式的好处就在于，它的着力点是梳理管理者的思维，提高管理者的思维质量。因此，导入丰田生产方式的过程，从根本上说就为管理者做出判断提出了要求——寻找依据。而这样一种推进方式，就会使随后的一系列改革进入良性循环，也就是每一次成功或不成功都将成为下一次做出判断的依据。当然，这样做的最终成果就是提高了努力的成效性。

找到共同点

对于绝大多数改革而言，在最初阶段，甚至是改革的总设计师都很难清晰地勾画出改革的所有内容，当然也就更不可能在细节上完成精确的描述。因此在推进改革的过程中，不同的人对改革会有不同的理解，这就需要人们求同存异，也就是针对自己的工作和利益，在改革方案中谋求最大的共同点。

改革能不能成功，往往取决于改革各方面的参与者能不能找到和发现在改革中需要自己改革的那一部分内容和要求。所谓“找到共同点”，就是要让改革各方面的参与者不仅知道自己将要改变什么，也要知道自己的对手相应地需要改变什么。这样的共同点对于改革的成败而言至关重要。

换句话说，当每个人只是从如何改变对方的角度去解读改革方案的时候，改革一定会以失败告终。而如果所有人都从如何改变自己的角度去解读改革方案，即便最初的改革方案存在着各种各样的问题，改革也一定可以被推向深入，并最终取得成功。

细分阻力类型

所有的改革都会遇到阻力，但是阻力的类型却不一样。如果不能够细分阻力的类型，只是笼统地将对改革的不理解、对暂时不适应改革新要求的所有言论和行动都视为阻力的话，改革将注定走向失败。

所谓“细分阻力类型”，就是要从态度、知识、技能等诸多方面对阻力进行分析：是因为当事人不具备相关的知识，没有看到改革可能给自己带来的利益，还是当事人需要一段时间去熟悉、实践改革所提出的新做法，或者当事人完全出于自己利益的考量，推卸责任，阻碍改革。不同的阻力类型，需要改革者用不同的方法加以对待。

丰田生产方式恰恰天然地提供了一系列区分阻力的标准，是技术层面的原因，还是忠诚度领域中的问题，或是知识技能暂时存在差距，等等。在丰田生产方式中，有着非常简便易行的区分阻力的方法，这就为改革者减少阻力提供了方便，同时也就为改革者变阻力为动力提供了可能。

帮助下属成功

改革的责任人要明确这样一个观点：能不能帮助下属迅速成功，在很大程度上决定了改革能否推向深入。这意味着当你要求下属变换工作方法，或者增加某些工作内容的时候，你要在最短的时间里提供有效的帮助，让他看到如果转变了，将有哪些事情会发生变化，也只有当下属能够不断体会到成功时，他们才更愿意追随改革，并积极地参与到改革之中。

丰田生产方式恰恰是一种帮助所有参与者获得成功的理论和实践，因为它是从发现问题、解决问题入手，并以发现问题和解决问题的效果作为最终的评价标准。所有参与这类改革的人，都将通过自己的实践，提高自己的能力。所以，在导入丰田生产方式的过程中，主要管理者需要充分借鉴和利用丰田公司在一系列细节中已经取得的成功经验，这样可以让自己的下属迅速获得成功，从而进一步树立推进改革的信心。

用什么表明改革的决心

即便丰田生产方式可以给我们提供一系列具体的参考，即便丰田生产方式在一系列的细节中已经做出了相对规范的示范，但这都不表明在推进丰田生产方式的过程中可以不遭受重大挫折，可以避免所有的困难和挑战。

改革者如果没有决心持续推进丰田生产方式，那么导入丰田生产方式的努力将很难有最终的成效。当遇到这样或那样的问题时，改革者是否有决心就变得至关重要，但是更重要的是他用什么表达自己的决心——因为跟随者只有在看到他的决心之后，才会受到影响。

比如，改革者能不能拿出更多的时间和自己的下属进行沟通，能不能将更多的工作搬到现场去完成，让自己的思想更直接地影响下属，将自己对问题的看法更具体地在现场展示给所有的参与者。所有这一切工作方法，其实也是在持续表明改革者的决心。

第二节　自上而下与自下而上

自上而下是义务，更是决心

从某个角度讲，管理者和被管理者的关系其实非常简单，即管理者需要安排被管理者的工作内容，并向其提出成果的要求。因此，对于怎么想问题、怎么做事、完成的工作需要达到什么样的标准等问题，管理者往往需要比被管理者想得更清楚一些。

要推进丰田生产方式，如果没有管理者的决心，如果没有管理者对丰田生产方式的准确解读，是绝对不可能的。任何企业要导入丰田生产方式，都要以“管理者用新的方法向被管理者提出工作要求”作为起点。当然，按照第二章的阐述，“管理者用新的方法向被管理者提出工作要求”也可以成为一种标志，即成功导入丰田生产方式的标志。

毋庸置疑，导入丰田生产方式需要变革思维，需要不断挑战问题。因此，没有企业高层的决心，这项宏伟、长期的工作，不要说很难取得预期的成果，就连开始也是非常困难的。

收获成果需要自下而上

管理者的价值需要从被管理者的工作成果中表现出来，也就是说管理者的价值在于：

- 帮助被管理者创造价值，实现贡献。
- 需要为被管理者的贡献增量提供贡献。

因此，管理者需要长期思考这样的问题——怎样才能让被管理者做得更快、更好、更省、更巧，怎样才能让被管理者不被相同或相近的问题所困扰……

每一项具体工作的直接操作者很有可能不是管理者本人。管理者将自己对问题的看法以及对各种信息的综合转化为对工作的新要求，但能不能被准确理解，能不能最终通过工作成果表现出来，往往在很大程度上取决于操作者。

如果操作者不能理解新的标准和要求，就难以取得工作成效，更难以取得改善后的成果。所以，在导入和推进丰田生产方式的过程中，能不能不断取得越来越好的成果，最关键的一点就是每一位操作者能否真正理解丰田生产方式。

从这个意义上讲，能否成功推进丰田生产方式，在很大程度上取决于能否尽可能广泛地让员工参与，取决于管理者所阐述的丰田生产方式能不能被更多的员工所认可和接受。当然，一切成效还需要最终落实到每一项具体的工作成果中，这就是“自下而上”的含义。

谁是谁的“客户”?

市场经济就是以客户为中心的经济。在很长一段时间里，人们眼中的“客户”只是付费购买产品或接受服务的人，而没有直接金钱往来的人似乎就不能称之为“客户”。

20 世纪，全球范围推进的质量管理体系扩展了“客户”的概念，将客户分为内部客户和外部客户。上面所讲的有直接金钱往来的“客户”属于外部客户，而新增的内部客户的概念所指的是工序之间的关系：下一道工序是上一道工序的客户。

明确了内部客户的概念后，上一道工序就需要为下一道工序提供服务，这就使企业得以在内部建立类似于市场的机制，从而提高每一个环节对产品质量和服务质量的重视程度。

丰田生产方式的诞生，让我们有机会进一步思考客户的内涵，比如管理者和被管理者的关系。

把被管理者看成是管理者的客户，其遵循的逻辑是：

- 管理者的价值需要从被管理者的工作成果中表现出来，这就像一件商品的价值需要通过货币表现出来一样。
- 如果被管理者不能做出成绩和贡献，管理者的价值就无从谈起。

- 所以，管理者需要像对待客户一样对待被管理者。

把管理者看成是被管理者的客户，其遵循的逻辑是：

- 被管理者的工作目标、工作内容等，往往由管理者来安排；被管理者的工作成果、工作态度等一系列的要素，也往往需要由管理者来评价。
- 因此，被管理者需要准确理解管理者的意图，并通过自我卓有成效的管理，来证明自身的价值。
- 从这个意义上讲，被管理者需要像对待客户一样对待管理者。

努力让管理者和被管理者用客户的标准对待彼此，让他们互相依赖、相互促进，共同完成发现问题和解决问题的过程，其实对双方都非常有利。因为任何人都必须通过解决问题来证明自身的价值，而解决问题的过程离不开富有建设性的互动。

准确把握“客户”含义及其背后的逻辑

在对企业管理者进行培训的时候，每当讲到“管理者和被管理者其实互为客户”的内容时，就会遭遇到很大的抵触。很多管理者会说：“如果按照您的说法，我们更没法管理了！”

想一想，说“如果按照您的说法，我们更没法管理了”的管理者是一个怎样的心态呢？如果他比被管理者更清楚地看到了问题，并通过“提供更好的工作方法”证明这一点的话，他会说这样的话吗？

换一个角度想一想这个问题吧，如果管理者不能比被管理者更清楚地看到问题，并通过“提供更好的工作方法”证明这一点的话，企业还需要这样的管理者吗？

当然，所谓“管理者和被管理者互为客户”，并不是一味地将所有的责任都推给管理者，而不论被管理者怎么做，强调“管理者和被管理者互为客户”，是要区分管理者和被管理者的责任，以及具体描述各自承担责任的具体形式。

谁在什么时候是谁的客户

在不同的时间，在不同的场合，管理者和被管理者的“客户关系”是不断变化的。最典型的两类情况是“管理者向被管理者提出要求的时候”和“被管理者向管理者汇报工作的时候”。

在“管理者向被管理者提出要求的时候”，被管理者是客户，因此管理者必须做到：

- 交代清楚“时间限制”、“工作的内容”、“成果的标准”等一系列内容。
- 确认被管理者真正理解了上述内容。
- 如果此时管理者做不好，而在验收成果时一味责备其他人，就是管理者的责任了。

在“被管理者向管理者汇报工作的时候”，管理者是客户，因此被管理者必须做到：

- 清楚“哪些‘意外’不能再次出现（多次出现的，还能叫‘意外’吗）”、“自己要独立解决哪些问题”、“确认工作成果是否符合标准”、“不能使用哪些借口”等一系列内容。
- 确认管理者可以通过认可自己的工作成果，肯定自己的价值。
- 如果此时被管理者拿不出相应的成果，或者说不清楚到底遇到了什么困难，甚至在工作过程中总让相同相近的简单问题重复出现，那就是被管理者的责任了。

问题面前，人人平等

推进丰田生产方式让企业获得的最大收益，是建立起一套“问题面前人人平等”的机制。而建立这个机制的价值就在于防止管理被异化。

在日常工作中，管理者拥有更大的权力，拥有更多的话语权，所以当他们有意或者无意回避问题时，就很容易将本应属于自己的责任推卸给被管理者，或者是归罪于其他一些外部因素。如果长时间允许这种情况发生，企业再想看清楚问题、再想解决问题，就非常难了。

成功建立丰田生产方式的一个重大标志，就是将发现问题和解决问题区分开来。只有铲除了“提出问题的人必须负责解决问题”，或者“每个人都只是发现问题，那谁解决问题呢”等类似的逻辑，才能让更多的员工更敢于提出问题。

当一系列问题摆在管理者与被管理者面前的时候，他们才开始有机会尝试着相对系统地去解决问题，而不是就某一个问题或者问题的某一个方面去争论孰是孰非。

在罗列出很多问题之后，按照“管理者和被管理者互为客户”的逻辑，简单看一看，是在“管理者向被管理者提出要求的时候”问题更多一些，还是在“被管理者向管理者汇报工作的时候”问题更多一些，可能就有助于彼此进行有价值的沟通。

谁能发现问题，并善于比较问题之间的关系，谁更能直接地对解决问题做出贡献，这样的人就更有资格成为管理者。建立这样的机制之后，成为管理者的人就会知道，伴随着管理职责的提高，自己就需要直面更有价值的问题，而这样一套评价体系和提拔标准，就会让企业中越来越多的人愿意接触问题，愿意刨根问底，当然也就更愿意去解决问题。

把该做的变成会做的

企业中的所有员工都应该把发现问题和解决问题视为是自己该做的工作。这一点对于管理者显得特别重要。毕竟，离开了发现问题和解决问题，何谈个人和企业的“进步”呢？

必须承认，在实际工作中发现问题和解决问题并不那么容易。换句话说，并不是所有的人都善于发现问题和解决问题。于是就需要思考这样一个命题：“如何帮助更多的人将这些该做的工作变成是自己会做的工作”。

不断提出问题，并让管理者和被管理者共同面对问题。不断解决问题，并将成功的做法转化为一系列操作的规范。鼓励每一个人挑战问题，并将相关的经验不断积累成为组织经验。借助“积累组织经验”的平台，让每一个人在问题面前更容易找到比较的参照物，更容易参考到有效的方法。最终，让持续改善流程、持续改善操作方法的努力，成为每一个人的习惯和自觉。

只有通过大量实践，才能让发现问题和解决问题从企业的愿望变成员工的习惯，才能让更多的人愿意挑战问题，把“该做的”变成“会做的”，并最终变成“习惯做的”。

第三节　怎么处理“反复”

所有“反复”都是提升认识的必然过程

在推进丰田生产方式的过程中，无论企业的高层有多么重视，也不论企业的员工有多么优秀，其过程也不可能是一帆风顺的，甚至类似的问题很有可能反复出现。

当出现“反复”的时候，很多人会变得急躁、焦虑，甚至会暂时失去信心，这些都是非常正常的现象，都需要在进一步推进丰田生产方式的过程中不断加以纠正。

人们之所以把一系列特定的现象称为“反复”，恰恰是因为他们没有意识到，在每一个人提升认识的过程中，一定会出现类似的“反复”。换句话说，这个世界上并没有所谓的“反复”，有的只是在提升认识的过程中必然会经历的一些挫折，以及必然需要的“换一个角度看问题”。

只要把“反复”看成是一种必然的过程，把每一次“反复”看成是变换角度重新审视问题的机会，那么，人们的情绪就更容易保持乐观，人们就会减少彼此间的指责，而最终的结果就是人们更加善于发现问题，更加愿意善待彼此。

人心向善

应该相信，所有的人都希望过更好的生活；应该相信，在解决问题之后，所有人都会体会到成果带给自己的喜悦；更应该相信，所有的人都不愿意被简单的问题所纠缠……

这就是“人心向善”。正是因为人心向善，所以帮助每个人成功，就意味着向尽可能多的人传授他们所需要的经验，并为他们提供解决问题的方法。

当然，不同的人有着不同的经历和学识，有着不同的能力和对问题的看法。因此，企业在推广一个被实践证明有效的工作方法时，不同的员工会有不同的反应。有的人可能更容易沟通，有的人可能更愿意从自己的实践中提取出工作的规律，还有的人会因为这样或那样的原因，在你向他传授经验的时候，会抱有一些情绪……

是否有相关的经验，是否善于沟通，是否有能力反思自身……

所有这些因素都会影响到一个人对事物的看法，从而影响到这个人做事的方法和最终的效果。

正是因为这个原因，所以丰田生产方式所强调的，不仅仅是帮助人们定义一系列的问题，以及向人们介绍更有效的方法，丰田生产方式还在此基础上强调了要创造出一种环境。通过环境和文化建设，让人们认识到自身的矛盾和彼此互动之间所带来的分歧。

值得注意的是，正是因为丰田生产方式在文化层面承认了这样的差异，从而才使人们针对具体问题的沟通更加顺畅。

和下属一起实践的管理者才有价值

管理者不是圣贤。

没有实践，管理者和被管理者一样无法看清问题，当然也就无法提供有效的解决问题的方法。所以，跟下属一起实践，就意味着和下属一起面对困难，尤其是自己不曾经历过的一些困难。

如果管理者把自己的面子看得比自己做成事还重要，他就没有胆量和下属一起面对困难，这样的管理者会在下属遇到困难的时候袖手旁观，甚至是横加指责。他们会说："这是你的责任"、"我只需要你给我结果"……

如果管理者和下属之间在工作中建立了这样一种关系：管理者只管提出问题，让被管理者单独面对困难，在最终拿不到预期成果的时候，管理者只会批评甚至是惩罚被管理者，那么我们可以相信，这家企业将最终走向衰败。

作为评价管理者价值的标准，"发现问题的价值"和"解决问题的效果"必须成为其核心内容。在这个标准问题上模糊不清，必将导致管理者和被管理者之间责任关系上的混乱，而在"责任关系混乱"的背景下，任何工作都难以取得预期的效果。

因此，企业在导入丰田生产方式的过程中，需要改善提拔管理者的标准。比如，在面对同样的现象时，让那些比别人更善于发现问题的人成为管理者；当面对多个问题交织在一起的复杂局面时，让那些能够比他人更善于找到解决问题线索的人成为管理者；让那些不论是解决问题的数量还是质量都高人一筹的人成为管理者……

当提拔管理者的标准变得更加清晰时，企业的发展将更加顺利。

改善做事的方式，就是帮助做事的人实现进步

很长一段时间以来，越来越多的人会围绕“做人与做事的关系”进行讨论——到底是先做人，还是先做事？很多专家提出了他们的观点，这就是“先做人，后做事”。

认真想一想就会发现，这样的结论中有些小问题：如果不通过做事，怎么看得出如何做人呢？当然，专家的观点也有道理：如果没有做人的前提，怎么能把事做成呢？

其实，做人与做事是统一的。别人一定是通过你做事的方式认识你，而你自己一定会在语言和行动中反映出自己内心的想法（一个人的内心是什么样的，就是“这是一个什么样的人”的问题）。

从表面上看，推进丰田生产方式就是不断改善人们做事的方式，以达到提高效率、改善效果的目的，但是从“做人与做事的关系”角度看，持续改善做事方式的本质，就是帮助做事的人完成转变，就是帮助做事的人实现进步。

站在“企业和个人利益关系”的角度看，当越来越多的人通过改变做事的方式，看到预期的效果，从而变得更加积极和自信的时候，他们就敢于挑战更加复杂的问题。当一个企业建立了这样的文化和制度体系后，人们就不再惧怕和回避问题，人们就会享受做事的过程，从而为自己的不断完善感到骄傲。延续这个逻

辑就会发现，最终企业将收获更大、更持久的利益。

每一次“反复”都是强调自学的好机会

在没有推进丰田生产方式之前，很多企业的管理者都会说这样的话：“你不了解情况！这件事我不知道教了他多少遍……”“我只要一句话没有说到，他就会出‘漏子’。”“这些人就是太缺乏责任心了！所以你只要不盯着他们，就会出问题，就不会有好结果。”

说一句不太礼貌的话，在这样的企业管理者面前，一定是问题重重，一定是简单问题重复出现，因为这样的管理者没有努力反思以下问题：

- 教了多少遍都没有效果，自己需要承担什么责任？
- 为什么自己不能针对可能出现的“漏子”，把要说的内容说到位？
- 自己盯着他们后就没有问题了吗？
- 所谓的“盯着他们”，自己到底在看什么，在思考什么，自己为什么没有对这些内容进行规范。

在推进丰田生产方式的最初阶段，管理者很有可能依然会有类似的情绪和语言，因为他们已经习惯地把每一次出现的意外，都看成是对方没有尽职尽责的表现。其实，每当出现上述问题的时候，管理者首先需要认真反省自己的工作方式——想一想自己为什么说了很多内容，却偏偏遗漏了关键的细节？想一想为什么自己教会了别人做类似的工作，而这项工作却不能充分借鉴以前的经验？……

认真思考这些问题，可以让每一次“反复”都成为管理者自学的好机会。因为通过反思，管理者会发现在这些问题的背后，恰恰是自己与下属的沟通缺乏条理、缺乏系统性、缺乏规范……

对于被管理者而言，同样可以借助“反复”的机会，在管理者的帮助下进行汇总。“预案”一词最近出现的频率越来越高，所谓“预案”，就是设想出现一些问题之后的应对方法。被管理者完全可以把“反复”当成镜子，当成思考“预案”的机会——看一看自己到底哪里还没有真正理解领导的意图，看一看自己的操作中到底还有哪些环节不够熟悉，看一看自己对哪些问题的认识还需要进一步加深，看一看对问题的理解，自己和领导到底差在哪里……

第四节　为什么要重视语言

一个简单的逻辑

一个人重复说一种语言，时间长了这种语言就会成为他的一种观念，甚至是信念。之后，这个人在思考问题的时候，就会倾向于这样语言所代表的立场，于是他的行动也就有了倾向性。

一个人多次重复某种行为之后，就会习惯性地做这种动作。当一个人在一系列具体的操作中培养出这样或者那样的习惯之后，他的这种状态便被称为性格。所谓“性格”，其实就是：遇到什么事说什么话；遇到什么人表什么态；做事的时候采取什么样的顺序；面对责任和风险的时候，选择挑战还是回避……

上述情况便构成了一个简单的逻辑，这就是——语言决定行动，行动决定习惯，习惯决定性格，性格决定命运。

得出这个逻辑的目的在于寻找改变命运的起点。

改变命运需要改变性格；改变性格需要调整习惯；改变习惯必须纠正行动；改变行动的前提就是改变语言。至此，改变命运的起点变得非常清楚——这就是“改变语言”！

一个人愿不愿意听到更多积极的语言？一个人愿不愿意说出更多积极的话？一个人愿不愿意用更多积极的信息，来替代自己一些陈旧的甚至是消极的信息？——这一切就决定了这个人有没有能力改变自己的命运，这一切甚至可以表明一个人是不是希望改变自己的命运！

变化的难度不一样

让一个人瞬间改变自己的命运，几乎是不可能的！

那么，让一个人在很短的时间里改变习惯，是不是难度也非常大？让一个人熟练掌握某一种动作，或者动作的组合，是不是也需要像运动员训练那样进行成百上千次的练习呢？

和这些变化相比，让一个人多听一些积极的话、尝试着多说一些积极的语言，其难度并不高。

当一个人能够说出越来越多积极的语言时，当一个人倾向于去听那些劝人向善、劝人奋发的信息时，接下来的一系列积极的变化就将很值得期待！

墙上、纸上、嘴里、行动中

我走访的企业几乎都在墙上贴出了这样或那样的标语和口号。问题的关键是，这些标语和口号中的内容能不能在企业一系列具体的规范和制度中找到。

对于很多企业而言，这个问题的答案很可能是“似是而非”的。换句话说就是，即使能在规范和制度中找到标语和口号中的内容，也会发现这些内容很难结合日常工作的具体内容，甚至无法反映出一些基础性的、典型的问题。当然，这样的“从墙上到纸上”的效果，不符合企业的利益。

第二个问题是，那些已经写在纸上的操作规范、行为准则、判断价值的标准等一系列内容，能不能从员工的嘴里说出来，能不能自然而然地成为员工自身的语言？

对于很多企业而言，这个问题的答案依然是“似是而非”的。换句话说就是，即使一些员工可以背诵出一些文件中的内容，也很难直接对照自己的工作，更无法用具体案例进行说明。这说明相关的内容还没有植入每个员工的脑海中。当然，这样的“从纸上到嘴里”的效果，同样不符合企业的利益。

试想，如果员工都不能很顺利地说出公司的企业文化、企业对工作的要求、企业设定的成果标准等，那么在他们每一项具体操作中，在每一天的工作中，有可能将这些内容转化为具体行动吗？答案当然是“不可能”。

所以，要想让企业文化成为员工的行动，成为员工的习惯，就必须首先让这些内容出现在员工的嘴里。请注意，从员工嘴里说出的，不应该是“背诵”的，而是他们自己的亲身感受！

反复说的是什么

很多企业看到了语言的重要性，或者是因为上级单位的要求，它们会让员工背诵很多内容，并进行反复的考试，甚至还让员工去做各类答卷。所以，在这里特别需要注意一点，这就是“要求员工反复说的内容”到底是什么？

如果要求员工反复说的只是一系列概念，如工作要认真、做事要有条理，要勇于承担责任等，那么不论企业要求员工重复多少遍，都不可能看到预期的效果！因此，企业要求员工反复说的内容，必须是员工日常工作中直接接触到的问题，必须是能够指导具体行动的有效方法，必须是判断工作成果标准的直观依据……

比如，当管理者向被管理者交代一项工作之后，反复说“你听明白了吗”，这是没有用的。正确的做法是，让对方复述出“到底需要多长时间做完这件事”，“做完的时候，到底应该确认哪些成果指标”，“在做事的过程中，到底需要经历几个步骤”，“在关键的操作中，到底要注意几个关键点”，等等。

当反复说的内容是一系列具体的现象、问题、方法、成果的时候，其实“谁更需要反复说”的问题也就明确了——如果想让被管理者能够反复说上述内容的话，那么管理者就要更高频率地反复说出同样的内容。

再进一步讲就是，如果想让被管理者在反复说的过程中对问题有更深刻的认识，那么管理者首先就要提高自己对该问题认识的深度。

在彼此的“反复说”中探索问题的本质

如果管理者和被管理者建立了记录的习惯，如果他们都能够针对工作的要求，记录下自己曾经说过什么、曾经做成过或者做失败过什么，那么他们彼此在“反复说”的过程，就会有越来越多的机会探索到问题的本质。

比如说，针对压缩成本的要求，哪些论述仅仅停留在概念层面，哪些解释涉及具体的工作。找到这样的分水岭，我们就可以看到展开一系列压缩成本的具体工作，需要的是对工作项目的拆分，而树立压缩成本的具体目标，则需要一系列非常明确的数据。换句话说，如果彼此在“反复说”的过程中不能涉及具体的物品以及工作过程，不能够涉及曾经遇到的问题，以及可以借鉴的经验，那么压缩成本的工作就很难看到预期的成效。

而当人们将压缩成本的一系列工作与品质、交货期、指令针对性以及记录习惯等一系列日常工作相结合的时候，人们才能越来越深层次地看到自己和问题的关系，看到解决问题和压缩成本的关系，看到只有提高自身思维质量之后，才能提高工作质量，才能改善产品质量，而最终才能更有效地压缩成本。

第五节　怎样进行系统化的思考

系统化思考

所谓系统化思考，就是从现象中抽离出问题，并找到真正的原因，最终发现有效解决方法的一系列思考的过程。有能力完成系统化的思考，就意味着一个人能够全面地而不是片面地看待问题，而因为能够综合地对问题进行分析，所以往往能够更早地发现问题，往往能够发现更有价值的问题，往往能够另辟蹊径找到更有效解决问题的方法。

因此，系统化思考是所有渴望成功的人的共同追求，也是所有企业谋求生存和发展的根基所在。

但是，完成系统化思考的过程却不是一个简单的过程，更不是一个可以自然而然形成的过程，甚至可以这样讲，自然而然形成的思考问题的标准和方法，其中绝大部分都缺乏科学性，甚至不利于发现问题和解决问题。

朴素的思考

当年留学日本，其实也是源于一个非常朴素的思考：日本的土地很贵，日本的工人工资很高，日本的基础设施费用如高速费、电话费、水费也是世界上最高的，日本没有自然资源，人口密度比我们还高出几倍……这一系列不利因素并没有阻止日本的产品占领世界市场。20 世纪 80 年代，中国管理学研究领域无法找到其成功的原因。

当然，具体到汽车产业更是如此。面对所有这些不利因素，日本汽车却做到了又便宜又好。如果完全按照市场规律运行，没有掺杂任何政治和国家利益的考虑，恐怕美国的三大汽车企业也将面临破产的考验。正是因为当时无法在国内的资料中找到真正的原因，所以笔者便东渡日本，希望找到这个问题的答案。

在实践中加深认识

在留学的几年时间里，我学习了丰田生产方式，觉得找到了一条解决中国企业管理问题的道路，但是回国后发现，很少有企业对丰田生产方式感兴趣，即便在是一些大型企业，甚至是标榜自己已经研究了 10 多年丰田生产方式的企业，当我看到他们的生产现场，当我有机会和他们的管理者进行长时间的沟通之后，我发现他们头脑中的丰田生产方式和我所学到的丰田生产方式相差甚远。

在不断的碰壁、挫折、困惑和再学习之中，我越来越深刻地认识到，必须从丰田生产方式的外部寻找更多的切入点，重新描述和研究丰田生产方式。经过十多年的努力研究，才有今年这本书的诞生——相信它已经在很多方面突破了描述丰田生产方式的原有框架，不论是对其基本概念的解析，还是从整体的角度描述它的价值。

从自働化到思维质量

1987 年上大学的时候，我所学的是自动化专业，当时认为没有自动化就没有四个现代化。但后来留学日本，发现单有自动化也就是制造技术，还是无法实现现代化大生产的管理，更没有办法应对全球化带来的新的竞争形势，于是，我开始研究生产方式。

在回国后若干年的研究和实践中，我越来越深刻地认识到，即便有一套生产方式的理论，即便一些企业愿意提供某些环节让你进行实践，但是如果不从思维形成的角度去思考问题，如果不能够把问题思维作为思维活动的核心来加以研究的话，很多问题将会变得模糊，很多方法将会失去有效性，于是，我的研究方向从自动化转向生产方式，并逐步演变到针对思维方式的研究。

当在思维方式的层面有了一定的研究成果之后，反观生产方式和自动化的时候，我发现自己已经有能力多角度地针对生产方式给出答案。

形成问题的过程

和其他事物一样，问题也有一个从发生到发展再到不断变化和演绎的过程。这就是说，任何一个看似简单的问题，其背后一定有系统漏洞的影子，任何一个被发现的问题，其背后一定有诸多未被发现的问题，因此任何一个问题的形成也都是多种事物综合作用的结果。

只有用这种系统的、发展的眼光看待问题，才不会一个问题、一个问题地去解决，因为一个问题、一个问题地去解决往往会陷入这样的尴尬：今天解决问题的方法往往变成明天新的问题，甚至是更大的问题。

没有一蹴而就的成功

问题的形成经历了一个漫长的过程，它是多种因素综合作用的结果，因此，解决问题也需要通过综合各方面的因素来进行考虑。

而对于方方面面不断变化着的因素，任何人都不可能在第一时间就认识得十分深刻和准确，所以解决问题的过程实际上就是一个不断发现新问题、不断纠正自己对问题认识的过程，也就是我们通常所说的没有一蹴而就的成功。

根据我个人实践的经验，可以这样讲，抱有一蹴而就的幻想来实施解决问题的努力，往往不仅不能解决问题，最终还将演绎成拒绝尝试新方法来解决问题的理由：他们会说，这个问题我们已经研究很久了，那个问题我们已经用过很多方法……所以，他们认为，解决这些问题的努力都将是徒劳的，都将是不切实际的，甚至认为事情本来就应该是那样。而一旦思维进入到如此麻木和停滞的状态，解决问题的任何幻想都将破灭。

从细节到系统

正如我从渴望学习丰田生产方式，到研究丰田生产方式，到回国后试图推广丰田生产方式，到最后上升到思维角度，重新审视丰田生产方式这样一个过程一样，在这当中，自己的每次进步都必须经过对前一阶段诸多细节的综合才能实现。

换句话说，这是一个从细节到系统的演变过程：先发现一些蛛丝马迹，先有一些情感上的冲动，之后在当时的认识水平上接触并研究一系列的细节，因为研究了一系列的细节，便对那一个领域中的那一部分事物有了更深的认识，从而形成了一个系统。然而，当你发展了这个系统之后，你会发现，此时所谓的系统，只不过是一个不成熟的子系统。

努力遵循这一不断加深认识的过程，你就会发现自己拥有了更多的子系统，于是也就有机会站在诸多子系统的平台上研究、整合更大的系统，从而使自己获得发现新问题和更有价值问题的机会。只有这样，系统才能不断升级，细节才能不断清晰，对问题的认识才会不断深刻。

用系统反思细节

只有当一个子系统形成之后，或者是经过不断演变发展成熟以后，人们才有机会透过这样的系统，去反思曾经奠定这些系统思维基础的那些细节。当人们有机会透过系统去反思细节的时候，会发现眼中的细节发生了根本的变化，正如我们在第三章前6节所举的那些案例，只有当人们有能力在系统层面去重新设计和安排细节的时候，细节才变得非常清晰，细节和细节之间的作用才能够被认识，也只有在这个时候，人们才能游刃有余地解决细节中的问题，才不至于陷入“今天解决问题的方法将变成明天新的更棘手的问题”这种被动的局面之中。

系统必须服务于发展

之所以要从系统的角度看问题，就是因为系统可以为我们提供用发展的眼光看问题的工具，从而回避那些自然而然形成的认识问题的角度，因为这种认识问题的角度往往会造成人们认识的偏差，或者是使人们孤立地看问题。

如同我们前面所说的“从细节到系统，用系统反思细节”那样，人们之所以希望通过细节看到系统，是希望能够有机会从系统的角度反观细节，从而使自己解决细节中问题的努力变得更加富有成效。然而，这样的循环却不可能在自然而然的过程中形成，一旦人们试图从细节中整合出系统，那么这样的系统就必须在接下来的实践中得到检验，也必须在接下来的实践中得到新的发展，才能有机会向人们展示出审视问题的新角度。

系统的进步需要比较

在第二章第八节中，我们已经相对系统地描述了什么是问题思维、什么是问题等概念。由此我们知道，如果要分析问题就需要进行比较，不同的比较标准将使人们看到不同的问题。系统的进步和发展，当然同样离不开比较。

换句话说，如果在系统研究的层面找不到可以用于参考的系统并加以比较的话，那么该系统的进步也将是一个非常蹒跚的过程，就如同本书中所描述的丰田生产方式以及其中一些主要概念一样——试图通过从不同的角度加以描述，使人们在研究丰田生产方式的基本概念和整个系统的过程中获得新的启发，从而推动研究丰田生产方式的整体水平。

从砌砖操作到评价企业高管

在100年前出版的《科学管理原理》中提到了一个被广泛流传的案例，这就是砌砖操作，研究者通过长期的观察和实验，将以前的18个操作压缩合并为5个操作，从而使砌砖工人每小时砌砖的能力从120块上升到350块。

借用第三章第六节的人事测评案例，我们发现，对于企业高级管理人员的考评也是如此。当我们把企业已经习惯使用的考评内容从近百项压缩到不足20项时，因为被压缩和调整之后的项目更能够定性地反映出管理者的状态，才最终得到了企业的认可。

表面上看来毫无关系的两个案例，其实背后却有着共同的逻辑——将问题分类。而针对分类的思考，实际上就是问题思维的核心，就是在验证“没有比较就没有问题”这一逻辑思维中的铁律。

当人们有能力随时随地将所面对的事物加以拆分并进行分类时，就会发现对问题的认识水平将借助拆分和比较得到迅速的提升。

找准榜样很重要

找准榜样其实就是找准比较的标准，这一点在发现问题和解决问题的过程中显得尤为重要。

在本书的第二章剖析 8 个涉及丰田生产方式最基本的概念时，需要找准它们之间相互联系和作用的逻辑，也就是比较的标准。当在企业管理实践中借助导入丰田生产方式来解决具体问题的时候，如同第三章前 6 节所列举的案例那样，无一例外都需要结合企业的实际情况，找到丰田生产方式中与之对应的比较标准，只有这样才能使解决问题的方法更清晰，并通过清晰的问题解决方案，预测到在推进具体改善工作过程中可能遇到的问题。

找准榜样不是一劳永逸的工作，需要对应具体发展阶段不断进行调整。也就是说，在不同的发展阶段，面对不同的问题，需要随时调整参考的样本，也就是要更换榜样。只有不断“更换”榜样，才能证明自己的认识水平在持续提高，也才能证明企业的管理水平在不断提升。

和下属互动的问题

企业需要建立改革的平台，以帮助管理者实现改变，并通过管理者的改变，最终影响并带动普通员工的改变。在这样一个不断传递变化的过程中，如何与下属进行互动就显得尤为关键。如果管理者头脑中没有一个相对成熟的方案就和下属进行互动，如果在和下属互动之前，管理者没有十分清晰的提纲，这样的互动往往很难取得预期的成效。

换句话说，在和下属互动的过程中，管理者需要提供有助于讨论的问题，甚至是一些解决问题的初步设想。

和上级探讨问题

丰田生产方式提供了一个公平竞争的竞赛环境——围绕发现问题的竞赛，以及围绕解决问题的竞赛。在这个竞赛中，不仅有上级和下级的互动问题，也包括下级如何与上级探讨问题。

与上级讨论问题是一件非常敏感且需要技巧的事情，因为在绝大多数情况下，上级的工作会比下级更繁忙一些，所肩负的责任也会更重一些，当然时间对他们而言就显得更为宝贵，所以就事论事地与上级谈论问题的方式，很难对上级产生有效的影响，甚至很难充分展开需要讨论的问题。

与上级进行有效沟通的前提是，自己将问题进行初步的统计和归类，拿出一些实践中有效果的和未达到预期效果的典型案例，并针对这两种不同类型的案例，先给出进一步尝试的方案，如果一时给不出具体的方案，也要相对完整地描述自己的困惑，也只有自己先做好这些功课，再和上级探讨问题，才能取得预期的效果。

用问题描述自己的工作状态

在绝大多数工作计划和总结中，我们看到的更多的是对概念和现象的描述。比如："我要认真地对待工作"，"我要及时落实领导的安排"，"我的销售任务完成了 80%"，"工艺有 18 处得到了改善"，等等。

如果不从问题的角度描述自己工作的状态，就很难做到有针对性地工作——如果说不清楚上一个阶段自己努力解决了哪些问题，并清晰地描述出接下来一个阶段自己将努力解决哪些问题，相信每天的工作将陷入一个简单的重复过程中，也就是昨天出现的问题，今天或许还会发生，甚至明天可能还会出现类似的问题。

相信这样一种让今天成为昨天简单的重复并对明天没有任何有效规划的工作状态，是所有个人和企业不希望看到的。

首先改变自己

在制造问题的思维中我们无法找到解决问题的思路，就像我们手中拿着一个乒乓球，每次松手，乒乓球都会落地，我们松手一万次，乒乓球会落地一万次，如果我们幻想第一万零一次松手乒乓球将不落地的话，那只能是我们的幼稚。

任何一种相同的方法都只能导致相同的结果。换句话说，一个不改变自己的人就意味着他会在原来的轨道上继续滑行下去，同时还意味着他允许曾经反复干扰其工作的那些简单问题重复出现，不断干扰他的工作，所以，任何渴望成功的人首先要做的就是改变自己。

改变自己所面对的问题

不同的工作会带来不同的问题，不同的岗位会带来不同的问题，不同的领导会带来不同的问题……怎样面对这些问题，可能已经让所有的人焦头烂额了，但是与它们相比还有一个问题更加重要，就是“如何让自己面对问题”。

从根本上调整自己对问题的认识，将问题看成是机会，将问题看成是磨砺自己智慧的工具，当一个人实现了这样的转变后，他就进入一个良性循环的状态：每当发现问题的时候，他不是回避，而是挑战；每当遇到新问题的时候，他会有意识地进行拆分和归类，从自己以前的经历中找出有意义的参考，从而使对新问题的解决变得更加容易。

当一个人改变了自己面对问题的态度之后，他会发现，绝大部分自己所面对的问题本身也在开始发生变化——因为他能用更积极的态度去思考，因为他比别人更容易积累一些解决问题的方法，所以他越发有机会从新的视角找到解决问题的方法。

第六节 重新树立管理者的价值

管理，越来越有被异化的危险

管理需要制度，为维护制度，管理者需要权力。管理者通过制度和自身的权力，实现对被管理者的引导和约束。所谓“管理的异化”，就是指管理者通过自己手中的权力，逃避本应自己承担的责任，或者是利用自己的某些经验，为自身的错误进行不正当的辩解。

比较典型的管理异化现象，就是管理者将产生问题的所有原因或者主要责任推给被管理者。即使在最被动、最牵强的情况下，他们也会拿出“被管理者缺乏责任心”或者“这是历史问题”，作为最后的盾牌，而不反思自身的缺陷和问题。

比如“目标管理”，在大多数情况下被异化成一种“只需要提要求，不需要共同解决问题”的管理手段。很多企业的管理者通过这种所谓的“目标管理”，把一年的工作任务简单地完成数值化之后，分别安排给自己不同的下属，以后就仅仅是“追要成果”了。借助这种“目标管理”，管理者逃避了自己预测未来、预测问题、提供方法、达成最终效果等一系列的责任。

如果不能很好地梳理管理者的价值与管理异化之间的矛盾，如果不能有效引导对管理者的管理，那么可以相信，不论企业出台多少新的制度和规范，都难以取得富有价值的回报。

回归有价值的管理

企业之所以需要管理，就是要更科学地配置资源，而要做到更科学地配置资源，就必须解决一系列的问题，于是如何看待问题、如何解决问题，就成为有价值管理的核心命题。

没有比较就没有问题，缺乏背景就很难看清楚问题，所以即便审视企业内的问题，也需要参考企业外部的环境，即便处理已经多次发生的问题，也需要用辩证的眼光去寻找创新的方法。从这个角度讲，有价值的管理就是一种系统思维，是一种积累问题之后通过剖析问题与问题之间的关系，从而找到事半功倍的新的工作方法的过程。

在这个过程中，我们可以清楚地看到，管理者因为拥有比被管理者更多的经验和信息，所以就必须承担更大的责任。

用什么体现管理者的价值

如果管理者只是说出问题、提出要求，如果管理者不需要对下属的成果负责，如果管理者不需要最终对解决问题的成效负责，那请问那一家企业需要这样的管理者呢？

当管理者需要对下属的成果负责，需要对解决问题的最终效果负责的时候，管理者到底需要做什么呢？如果他仅仅坐在办公室里、只是在问题出现之后才赶到现场，他有可能体现自身的价值吗？

对上述问题进行思考，我们很容易得出这样的结论：管理者需要和下属一起工作；管理者需要比下属更早、更准确地预测到问题；管理者应该在大多数情况下，事前介入问题，而不是一味地进行事后处理。也只有这样的管理者才可能因为自己的实践和思考，不断提高自身的价值，让自己更多的经验直接服务于对问题的预测。

别把活人当死人

很多时候，我们会在头脑中产生这样的疑问："为什么周围很多人看病的过程，变得越来越像修车的过程?"

当人们感觉不舒服的时候，就会去医院进行化验，看看需要吃什么药；或者去做 CT，发现哪个器官发生了病变，就动手术切下来，甚至进行器官移植。这个过程是不是很像修车：看到哪个零件不好使了就更换一个新的?

在本书第一章第三节"跨部门解决问题"中，我们阐述了企业"不能通过丰富'管理'的项目来提高管理的效益"这一观点。因为太多的职能化的管理，很可能会把一个企业由"活人"变成"死人"。当一些工作被人为地割裂开来之后，很多问题的描述将仅仅服务于"管理上的方便"，而不是"成果上的改善"。而这样做的结果是，管理最终将迷失自己的方向、丧失自己的价值!

人不是机器，人的认识会变化，人在工作中会有情绪，会受到周围人和环境变化的影响。所以，管理者不应该像修车一样去改变周围的人，而应该像中医那样，善于调理出"每一个人的健康状态"。其实，这个过程本身就是管理者提高自身修养的过程。

当一个人还没有认识到问题的时候，出于工作的需要，管理者必须向他解释清楚，并引导他尝试新的实践，这本身就是巨大的挑战。但请一定相信：只有赢得这一挑战的管理者，才能最终赢得自己，赢得周围的人对自己的尊重与服从。

引导比要求更有价值

对于未来的管理者来说，它的价值不是体现于能不能提出要求，而是体现于能不能提出问题；他的价值不在于他是否拥有权力，而在于他是否拥有科学的方法；他的价值不取决于单向提出要求，而在于积极的互动；他的价值不体现在他曾经做过什么，而在于他能否预测出接下来该做些什么……

所有这些变化，要求管理者必须“持续提高自身的思维质量”，要求管理者能够“从更多的角度对同一类甚至是同一个问题进行解释”。因为只有这样，管理者才有能力驾驭更加复杂的局面，也只有具备了这样的技能，管理者才能够与各种各样拥有不同经历和学识的人进行互动。

管理者需要从被管理的对象身上体现自身的价值。管理工作的本身就是通过互动，让被管理者理解组织利益，之后转化为一系列的具体操作，从而取得最终的工作成效。所以，对于管理者而言，“给予别人引导和借鉴”比“只对别人提要求”更具挑战性，也更具价值。为此，管理者就需要帮助被管理者看到自己的潜力，帮助他们看清自身利益与组织利益的关系，帮助他们做成具体的事情……

第七节　发现问题和解决问题是两件事情

打猎的故事

在很多企业讨论发现问题和解决问题哪个更重要时，大多数企业往往认为解决问题更重要。如果我们把解决问题想象成打猎时扣动扳机击中猎物的那一刻，那么试想，枪法的练习、寻找猎物的经验以及接近猎物的方法等一系列准备工作是不是比扣动扳机的那一刻更重要呢？或者说，如果没有前面这一系列的铺垫，是不是我们连扣动扳机的机会都没有呢？

从这个角度讲，我们是不是可以把发现问题看得更重要一些呢?

在企业中将发现问题和解决问题分成两件事情是有很多好处的。首先，如果问题不被提出，如果大家不去关注，那么对于问题的认识就会很粗浅。换句话说，在人们对问题没有更深入、更本质的认识时，就进入到所谓的解决问题的过程，就会难以取得预期的成效。从另一个方面讲，如果不将发现问题和解决问题分开，那么在实际工作中就会出现这样的情况：谁提出问题，谁就必须予以解决，而且要在很短的时间里解决。如果是这样的话，那就会造成谁也不敢提出问题的结果，从而使解决问题无从谈起。

基于上述几种情况，我们建议企业要更多地强调发现问题的重要性，并把发现问题和解决问题区分开来。

努力发现问题的过程，就是在解决问题

在很多场合，我都用这样一个案例来说明发现问题和解决问题的关系：几年前，一家纺织企业的老板为人员不稳定而大伤脑筋，希望能够找到解决问题的方法。他尝试了几种方法，但都没有取得预期的效果。此时，我告诉他：“人员流动只是一个现象，不是问题，如果想发现问题，就需要做一些基本的统计工作。比如，流动比例最高的年龄段是 18 岁还是 28 岁；流动比例高的人群中，收入 800 元的人多，还是收入 1800 元的人多；是已婚女工的流动性高，还是未婚女工或是年轻男工的流动性高；是夜班流动性高，还是白班流动性高；是技术熟练的工人流动性高，还是缺乏技术的工人流动性高……”

进行了一番统计之后，我们发现夜班工人流动性高，18 岁女工比 26 岁的女工流动性高，收入低的比收入高的流动性高，技术不好的比技术好的流动性高。于是，我们就能摸到这样的规

律：越是年龄大、越是工作经验丰富的工人，越谋求稳定；越了解纺织行业的规律，越是有技术的工人，在计件工资的背景下，他们的收入就高，就更愿意稳定……

虽然此时我们还没有给出如何解决这个问题的答案，但是我们已经看到了如何解决这个问题的方法——在招工的时候，对那些具有高流动性特点的人要特别注意，在工作中要尽可能培养出他们的一技之长，以促使他们更快地稳定下来……工资分配也可以向更加稳定的人员倾斜，以便进一步提高其稳定性。

解决问题的成果在于是不是看到了新的问题

在日本期间，我阅读了大量描述丰田生产方式的书籍，对下面这个案例的印象特别深：直到20世纪80年代，在冲压车壳的工序中，更换上下模的时间，美国的汽车厂需要花20多个小时，而丰田汽车厂只需要花不到3分钟的时间。之所以有如此巨大的差距，是因为丰田公司在这个领域里持续努力了几十年，不断积累相关经验，才换来了这样的成果。

在这个典型的“压缩换模操作的时间”的过程中，我们可以清楚地看到这样几个阶段：首先是从20多个小时，压缩到20小时以内，这个阶段所用的方法是解决一些小的问题，比如合并一些操作，并提高操作的熟练度。

接下来，将十几个小时的操作压缩到几十分钟之内完成。在这个阶段，工人们需要把准备工作从工位内转移到工位外。换句话说，就是在压力机的旁边，再创造出一个“一模一样的操作空间”，使换模过程中的大部分操作不再需要停下压力机，从而大大提高了整个生产线的效率。

当然，在进行这一努力的过程中，肯定会遭遇到各式各样的问题。实践证明，能不能看到新的问题，能不能持续看到新的问题，其实就是旧问题是否得到了较好解决的最佳证明。

所以说，如果不能看到问题，或者不能持续看到新的问题，就证明自己仍然被旧的问题和相对简单的问题所困扰。

假问题也是宝贝

问题有真有假，问题的价值有高有低。所有的人和企业都希望自己能够发现真正的问题，使自己解决问题的努力更具成果。然而，我们必须经过持续的实践，才有可能实现这样的期待。

从这个意义上讲，人们都经历了从假问题到真问题、从低质量的问题到高质量的问题这一过程。人们都需要这样一个进化的过程，如果一开始就要求人们提出真的问题，提出更高价值的问题，这种期待无异于是阻止别人提出问题，因为只有在发现、讨论、解决问题的过程中，人们才能不断加深对它的认识，当然也只有这样，人们才能够逐步摸索到真正的问题。

当人们真的可以认识到问题的本质，真的能够很顺利地解决问题，并取得很好的效果时，他们其实就已经进入了下一个循环，那就是：在更高的层面再一次从相对简单的、具有一些假象的问题开始。

为什么要多问几个“为什么”

丰田生产方式强调思考，强调每看到一个问题至少要问五次“为什么”，之后再去描述和分析问题。其实，针对一个现象能不能多问出几个为什么，就是当事人“是否了解情况”、“是否认真思考过”的最好证明。

在一些尝试导入丰田生产方式的中国企业里，这样一个问五次为什么的过程有些走样了。很多人会这样说：我为什么要问五次为什么，只要问一两次为什么，我就可以看到问题了。其实这种说法恰恰证明了当事人没有完成对问题的认识。

对于一个问题，能不能多问几个“为什么”，能不能集中在一个问题中不断地、深入地问出“为什么”，本身就是对于这个问题认识程度的表现。如果对问题的认识不够深入，你就不可能多角度地去提问，更不可能在一点上深入地去问“为什么”。所以，多问几个“为什么”，不仅仅是探求问题、发现问题背后原因的有效手段，更是验证人们到底对问题有多少了解的最好证明。

解决问题就是创造财富

所有的人都渴望创造和拥有财富，但是在很多情况下，人们却不愿意遭遇问题，更不愿意持续地为解决问题付出努力，其实这是一个悖论，因为不能解决问题，就意味着无法创造财富。

当人们能够像渴望财富那样渴望挑战问题的时候，人类提高自身智慧的过程就会打开崭新的一页，请相信这一规律。解决大问题获得大成功，解决小问题获得小成功，不能发现和解决问题，就永远不可能获得成功。从这个角度讲，解决问题就是创造财富，创造财富就是发现和解决问题。

附录：关于丰田生产方式的问答

与企业家的问答

问题1：在企业中，很多要求其实很简单，我们也经常强调，可是为什么总没有效果呢？

田老师的回答：

我们非常理解您的这种苦衷，但是如果要我们为您提供一种走出这一困惑的方法，我们首先建议您变换一个角度来看这个问题。

请想一想，如果您是领导，面对同样的情况您会怎么做呢？您会有怎么样的判断呢？也就是说，如果您的下属在拿不出工作成果时强调这是他的下属造成的，强调他已经对下属提出了很多要求，并重复了很多次，但他的下属却没有能够做到，您作为他的上级会有什么感触呢？

我们作为当事人就需要反思自己，尤其要反思为什么那些要求看似很简单，却很难被落实；为什么自己经常强调，却总是看不到效果。其实，根据我们的经验来看，要求越简单，越可能是“要求不清楚”的代名词。比如说，“明天给我一份报告”，这样的要求很简单，但是报告应该用什么样的格式，至少应该清楚地描述哪些观点，罗列哪些数据，对比原来的哪些报告，服务于接下来的哪些工作……如果这些内容不被包含进去的话，看似简单的要求就很难操作。

至于经常强调却不见效果，我们认为其原因很可能就是“尚未形成规范”。试想一下，针对一件事情，反复提要求，为什么没有好的效果呢？如果有了规范，有了参考，有了成功的经验，是不是就不会出现反复强调之后仍没有效果的现象？

退一万步讲，如果真的是所谓的简单工作，那就更应该通过规范的操作手册，要求当事人完成填空，这样要求就会更直接、更具针对性，操作者也会因为有了更直接的参考，而不会造成盲目和歧义。

对于绝大多数情况而言，管理者更需要反思的是那些“貌似简单的工作”，针对这些看似简单但反复提出要求却不能产生预期效果的工作，管理者就需要和他的下属一起努力发现并解决问题。

问题2：企业只需要强调效果，您能不能承诺一些具体的效果，并在取得效果后再向企业收费呢？

田老师的回答：

对于一般性地了解和学习丰田生产方式而言，可以将其看成是方法或是方法的组合，但是，如果真正要在自己的企业里导入丰田生产方式的话，就必须首先把它看成是价值观，是对自身传统思维的挑战。

所以，当企业的决策层下决心导入丰田生产方式的时候，任何完全假手他人的做法都注定会失败，这是因为假手他人意味着决策者或者说决策层自身还没有树立相关的价值观，而且没有做好转变自身思维的准备。

从这个角度讲，我更愿意说的是，在我做出承诺之前，我需要看到企业方面的承诺，特别是企业决策层的领导们用自身的行动所表现出的承诺——也就是他们自身在转变传统思维方面的成果，以及他们用什么样的语言和行动来体现他们的价值观，特别是与丰田生产方式相同或相近的那部分价值观。

在操作层面上，要明确评价效果的标准，实际上是一项非常艰巨的工作。比如，此次金融危机将如何演变，我们不去讨论，但是面对这次危机，大多数企业对经营层面的评价标准，如年度利润指标，都做出了相当大的调整，而这一切在我们开始接触的时候是难以预料的。

从严格意义上讲，我更愿意这样描述：丰田生产方式不仅仅是针对经营的指标体系，而更是用经营指标来检验“管理水平提升程度”的体系；在丰田生产方式中，结果所扮演的角色，更像是一种工具——用结果检验工作方法是否有效，用结果来更充分地暴露问题，通过对结果的研究，寻找一系列新的思路。

问题3：田老师，我们企业效益不是很好，也知道没有办法请您做一系列的具体指导。如果每个月给您一万块钱，您可以提供哪些帮助呢？

田老师的回答：

非常感谢您对我的信任，以及对丰田生产方式的信任。

相对于“田老师”能够提供哪些帮助而言，我本人更愿意关注“您和您的企业正在面对什么样的问题”，或者说您更愿意关注什么样的问题。

通过您的问题，我想我现在可以做的可能仅仅是提问——通过这些提问帮助您梳理问题，特别是梳理更大的问题，以及问题和问题之间的关系。用一个不太合适的例子来说明一下：您承包了一座山，山上有很多树，这时您问我，怎样通过这座山和山上的树来挣钱？那么我会首先给您三个选择：砍树卖木头；圈树卖旅游；画树卖想象。

砍树卖木头很简单，农民就会，我不用多说。圈树卖旅游，很多人也都在思考，但是成功的案例也不多，因为这么做需要整合很多的资源，需要不断调整工作体系。所谓“画树卖想象”就像法国人卖依云矿泉水一样，他们把山和树封起来，不进去开发，让世界上所有的人去想象，那是多么洁净的环境、土壤、水……于是他们基于这些想象，把一系列的资源卖到全世界，而不是让全世界的人到他的山上去消费。当然做到这种境界的人在全世界也屈指可数，案例也只有几个。

其实我想说，我最大的价值，可能就是帮助您在上述三种不同的情况下做出某种综合，甚至是在和您的互动中，在上述三者之外找到某种新的选择、新的创新，我相信这种思路上的开阔会给企业带来持续的利益。

与学员的对话

问题4：田老师，与日本企业学习丰田生产方式相比，中国企业将遭遇哪些更大的困难？

田老师的回答：

首先我要祝贺您，因为当您关注“导入丰田生产方式的中国企业将遭遇哪些比日本企业更难的问题”时，就意味着您已经完成了比较深入的思考。

首先，相对于日本企业学习丰田生产方式而言，中国的企业因为语言上不通，或者对丰田生产方式本质的理解尚有欠缺，或者是员工平均素质上的差距，或者是企业一系列基础管理方面的优劣势等，会遭遇到比日本企业更多的困难，这一点我想是不争的事实。

然而在这里我更希望强调的是，当我们看到这些差距的时候，我们就会针对能够预见到的这些挑战做好更充分的准备，在这一点上，其实在哲学层面已经给出了成熟的答案——任何问题，任何矛盾，都将在人的实践过程中完成转化。

问题5：田老师，您说仅仅导入方法是不行的。按照您所说的，如果先导入价值观的话，试问，没有具体方法作为支撑，怎样在企业中树立新的价值观呢？

田老师的回答：

我非常高兴地看到您在关注导入丰田生产方式的顺序，更高兴的是看到您在思考导入顺序时，联系到了方法和价值观的关系，因为看到了这两点，所以我也就看到了您正在或者已经完成了针对丰田生产方式本质层面的思考。

就我本人而言，我所理解的方法和价值观之间的关系，更多的来自于毛泽东思想中的《矛盾论》和《实践论》，也就是没有方法层面的实践，人们在价值观层面的提升是很难实现的，反之，人们在价值观层面不完成对自身的改造，也很难在方法层面持续地实现改进。

另一方面，我所研究的导入丰田生产方式的顺序，其更多的内容已经体现在我对丰田生产方式的解释之中。

归纳而言，也就是三个步骤和一个核心。所谓的三个步骤，就是首先明确基本概念，其次将基本概念综合成体系，特别是综合成能够服务于日常工作的参考体系，再其次就是要结合企业的实际情况，选择一系列的突破口。

所强调的一个核心就是培养人，正如丰田公司所宣称的那样，他们不仅是在造车，更是在造人。所谓培养人，就是找到那些真正理解丰田生产方式的企业员工，并把他们培养成企业的骨干，服务于企业持续稳定的发展。

问题6：持续改善，如果作为企业进步的主要模式，特别是难以有大资金支持的中小企业，是不是可行？怎样让更多的中小企业从这样的转变中获得实际的利益？

田老师的回答：

面对您的这个问题，我再一次强调一下，丰田生产方式绝对不仅仅是方法或者是方法的组合，它更是一种价值观，尤其是决策者的价值观。所以，所谓适合不适合的问题，其实与行业、规模、资金等问题没有关系。

在日常工作的方法层面，丰田生产方式已经非常好地完成了这样一项工作——将其价值观落实到具体的语言层面和行动层面。所以，我们完全可以将丰田生产方式看成是“发现问题的工具”、“解决问题的工具”、“提高士气的工具”、“改善包括成本、品质、交货期等要素在内的一系列经营指标的方法参考”。

因此，我们有理由相信“用更少的成本赢得更多的空间”这样一种绝大多数企业都有的愿望是可以实现的。在实现这个愿望的过程中，我们非常值得参考并尝试丰田生产方式，因为它的实践已经雄辩地证明了其有效性。

我个人的看法是这样的：丰田生产方式绝对不仅仅属于丰田公司。丰田生产方式属于这样一群人，这样一群企业——只要想对自己负责，只要想发现真正的问题，只要想从根本上解决问题……都可以无师自通。也就是都可以通过自己的实践，从不同的渠道走进丰田生产方式所代表的那种积极的、善于发现问题、勇于解决问题的工作状态。

如果我们相信在学习和推广丰田生产方式中有“无师自通”的因素的话，自然的我们也就会相信，在推进丰田生产方式的过程中，和资金没有直接关系，不仅如此，在成功推进丰田生产方式的过程中，企业还会在不知不觉中，收获资金方面的实际利益。

编辑与田老师的对话

问题7：和其他很多学者相比，田老师研究丰田生产方式的时候，有什么不同？

田老师的回答：

我想表面上的不同，会包含这样一些要素：

首先研究的时间长度不一样，特别是研究的时间占生命周期的比例上的不同，这也就是所谓的敢于投入的成本上有所不同。

更深层次的不同则是，自己的研究与自己的信仰和生活，与自己看待世界、看待周围人、看待问题等一系列与生活息息相关的内容是否一致，我想我最大的不同，可能就在这里。

因为有了这样的基础，所以，如果还要添加一些其他的不同的话，我可能还可以给出这样一些答案——是否愿意去倾听那些完全不了解丰田生产方式的人的想法，是否真正愿意站在他们的角度去看他们所遭遇的问题，之后再结合自己的研究完成相对系统的比较。

问题8：田老师，您如何看待我国推广丰田生产方式中的问题？如何解决这些问题？

田老师的回答：

在此，我想表达这样一种观点，那就是我非常非常非常乐观。这一点可能和很多研究者不同，因为我相信，这一次金融危机使丰田公司成为世界汽车产业中的老大，仅凭这一点，其实就已经可以改变某些格局了。

在自己的研究过程中，不止一次地被不同的人问到，既然选取汽车产业中的样本，为什么不学“第一”呢？我想在选择或者不选择“第一”的问题上，其实表明了需要弄清楚“为什么学”、“学什么”以及“怎么学”………

这一点其实和当年丰田公司为什么选择不合资的原因是一样的，也就是在关注规模、产值、品种等一系列要素之外，还必须关注更深层次的问题，即对问题的看法，对要不要建立一种机制来方便发现问题和解决问题的看法。

此外，根据我的观察和思考，我相信我们国家会在可见的未来，积极倡导学习丰田生产方式。另一方面，为了应对越来越激烈的竞争，在我们国家的企业中，也会有越来越多的管理者选择导入丰田生产方式。这种实践的背景，为丰田生产方式的研究和推广提供了更多的样本，以及更加丰富、具体的思想内涵。

最后值得一提的是，我相信本次经济危机所造成的影响，一定不仅仅局限于经济领域，必将延伸到社会生活的各个方面，像丰田这样的“大而全的国企”一定将再次引起深层次的关注，恰逢科学发展观学习的热潮，像丰田这样的“持续开发员工责任和智力”的理论和实践体系也必将引起越来越广泛的关注。（所谓“大而全的国企”，是指从企业办社会的角度，从企业对员工承担长期责任的角度，从企业持续提升员工责任、智力和收入的角度等诸多方面看，丰田实在太像个“大而全的国企”了——作者注。）

书系代码	书 名	作 者	定 价
经营管理			
BM001	《并购成长》(Digital Deals)	Geis	29. 80
BM002	《绩效！绩效！》(企业培训版)(Coaching for Improved Performance)	Fournie	39. 80
BM003	《质量无泪》(Quality Without Tears)	Crosby	39. 80
BM004	《海阔天空——我在 DELL 的岁月》	方国健	20. 00
BM005	《心时代——一个情感化的世界及其经济图景》	曹世潮	20. 00
BM006	《情境领导者》(The Situational Leader)	保罗·赫塞	18. 00
BM007	《EMBA 销售管理》(Sales Management)	Calvin	45. 00
BM008	《EMBA 财务管理》(Finance and Accounting for Non-financing Managers)	Weston	49. 80
BM009	《EMBA 兼并与收购》(Mergers and Acquisitions)	Weston	38. 00
BM010	《EMBA 公司战略》(Corporate Strategy)	Colley	39. 80
BM011	《EMBA 创业管理》(Entrepreneurial Management)	Calvin	49. 80
BM012	《EMBA 领导艺术》(Managerial Leadership)	Topping	35. 00
BM013	《EMBA 战略营销管理》(Strategic Marketing Management)	Parry	42. 00
BM014	《EMBA 公司治理》(Corporate Governance)	Colley 等	49. 80
BM015	《六西格玛是什么》(What is Six Sigma)	Pande	15. 00
BM016	《六西格玛基础教材》(The Six Sigma Basic Training Kit)	Juran	80. 00
BM017	《六西格玛团队实战手册》(The Six Sigma Way Team Fieldbook)	Pande, Neuman, Cavanagh	49. 80
BM018	《六西格玛团队怎么做》(Six Sigma Team Pocket Guide)	Federico	16. 00
BM019	《杰克·韦尔奇领导艺术词典》(Jack Welch Lexicon of Leadership)	Krames	32. 00
BM020	《杰克·韦尔奇的 29 个领导秘诀》(29 Leadership Secrets from Jack Welch)	Slater	29. 80
BM021	《通用电气"群策群力"》(GE Work – Out)	Ulrich 等	39. 80
BM022	《顶峰》(Million Dollar Consulting)	Weiss	48. 00
BM023	《战略计划实务》(Applied Strategic Planning)	Goodstein 等	48. 00
BM024	《平衡计分卡实用指南》(Balanced Scorecard)	Paul Niven	49. 80
BM025	《战略物流管理》(Strategic Logistic Management)	Stock	80. 00
BM026	《整合——企业并购成功之道》(M&A Integration)	Schweiger	39. 80
BM027	《战略领导》(The Art and Discipline of Strategic Leadership)	Freedman	32. 00
BM028	《经理薪酬完全手册》(The Complete Guide to Executive Compensation)	Bruce R. Ellig	65. 00

书系代码	书　　名	作　者	定 价
BM029	《突破困境的领导艺术》(Leadership When the Heat's On)	Cox, Hoover	39.80
BM030	《朱兰自传》(Architect of Quality)	Juran	50.00
BM031	《卓越领导》(The Extraordinary Leader)	Zenger 等	39.80
BM032	《精益六西格玛案例》(Learning into Six Sigma)	Wheat 等	18.00
BM033	《领袖魅力》(Executive Charisma)	Benton	39.80
BM034	《西南航空案例》(The Southwest Airlines Way)	Gittell	49.80
BM035	《危机领导》(Leader Shock)	Hicks	29.80
BM036	《应变》(Agile Business for Fragile Times)	麦卡锡　等	35.00
BM037	《绩效导向的领导力》(Results-Based Leadership)	Ulrich　等	49.80
BM038	《企业沟通的威力》(The Power of Corporate Communication)	Argenti　等	39.80
BM039	《贯彻执行　现在就做》(Why Can't We Get Anything Done Around Here?)	李夫顿　等	20.00
BM040	《高效能团队领导智慧》(Leadership Lessons of The Navy Seals)	坎农　等	39.80
BM041	《竞争性销售》(Hope is not a Strategy)	佩吉	39.80
BM042	《丰田汽车案例》(The Toyota Way)	莱克	49.80
BM043	《风险管理》(Risk Management)	科罗赫　等	80.00
BM044	《团队工作》(The Work of Teams)	卡岑巴赫	39.80
BM045	《通用电气案例》(GE Work-out)	Ulrich　等	49.80
BM046	《质量无泪》(修订版)	Crosby	39.80
BM047	《绩效改进 19 讲》(201 Ways to Turn any Employee Into a Star Performer)	霍利	29.80
BM048	《人性管理》(The Uncertain Art of Management)	奥斯曼	39.80
BM049	《透明管理》(The Transparency Edge)	佩格诺	29.80
BM050	《成本改进 181 法》(A Manager's Guide to Creative Cost Cutting)	大卫·杨	29.80
BM051	《直觉》(The Art of What Works)	杜根	39.80
BM052	《劣势者的优势》(The Underdog Advantage)	莫里	39.80
BM053	《精益六西格玛服务》(Lean Six Sigma for Service)	乔治	55.00
BM054	《活学活用博弈论》(Game Theory At Work)	米勒	39.80
BM055	《巅峰绩效》(Peak Performance)	卡岑巴赫	39.80
BM056	《丰田汽车:精益模式的实践》(The Toyota Way Fieldbook)	莱克 等	65.00
BM057	《什么是公司治理》(What is Corporate Govermance)	科利 等	18.00
BM058	《MBA 名校的 10 堂课》(What the Best MBAs Know)	纳瓦洛	49.80
BM059	《现代企业管理教程》(Understanding Business)	尼科尔斯 等	50.00
BM060	《领导艺术》(The Art of Leadership)	曼宁 等	50.00
BM061	《产品生命周期管理》(Product Lifecycle Management)	格里夫斯	49.80
BM062	《创新从头开始》(What customers want)	伍维克	29.80
BM063	《创新引擎》(Fast Innovation)	George	39.80

书系代码	书　　名	作　者	定 价
BM064	《苹果电脑案例》(The Apple Way)	Cruikshank	39. 80
BM065	《企业外包实务》(The Manager's Step-by-Step Guide to Outsourcing)	Dominguez	29. 80
BM066	《重塑创业精神》(Lead Like an Entrepreneur)	桑伯里	45. 00
BM067	《顾客导向》(The Outside-In Corporation)	邦德	39. 80
BM068	《定价与收益优化》(Pricing and Revenue Optimization)	菲利普斯	60. 00
BM069	《笑梁山》	陈实	35. 00
BM070	《价值流管理:面向全局供应链的精益方法》	多尔斯麦思卡罗	43. 00
BM071	《新企业所得税法与会计准则比较分析》	张炜	68. 00
BM072	《丰田产品开发体系》	摩根,莱克	60. 00
BM073	《联想:中国 IT 企业国际化品牌行销之道》	周锡冰	39. 80
BM074	《每秒千桶》(A Thousand Barrels a Second)	特扎基安	39. 80
BM075	《活学活用丰田生产方式》	田鹏	26. 00
BM076	《什么是精益》(Lean Production Simplified)	丹尼斯	35. 00
BM077	《纳税会计》	张炜	46. 00
经济学			
E -001	《中国经济》(Chinese Economy)	蔡昉,林毅夫	39. 80
E -002	《宏观经济学》(Macroeconomics)	Dornbusch	60. 00
E -003	《经济学》(Economics)	McConnell,Brue	79. 00
E -004	《微观经济学》(Microeconomics and Behavior)	Frank	65. 00
E -005	《环境经济学》(Introduction to Environmental Economics)	Field 等	50. 00
E -006	《财富的诞生》(The Birth of Plenty)	Bernstein	49. 80
E -007	《ArcView GIS® 与 ArcGIS® 地理信息统计分析》(Statistical Analysis of Geographic Information with ArcView GIS® and ArcGIS®)	David Wong 等	58. 00
管理学			
MT001	《战略物流管理》(Strategic Logistic Management)	Stock	80. 00
MT002	《物流战略咨询》(Supply Chain Strategy)	Frazelle	49. 80
MT003	《组织人员配置》(Staffing Organization)	Heneman, Judge	
MT004	《战略管理》(Strategic Management)	Dess 等	40. 00
MT005	《数据模型与决策:运用电子表格建模与案例研究》(第 1 版)(Introduction to Management Science)	Hillier 等	75. 00
MT006	《数据模型与决策:运用电子表格建模与案例研究》(第 2 版)(Introduction to Management Science)	Hillier 等	75. 00
MT007	《电子商务导论》(Introduction to E-Commerce)	雷波特　等	58. 00
MT008	《供应链设计与管理》(Designing and Managing The Supply Chain)	辛奇—利维　等	40. 00
MT09	《管理学基础》(Management)	克尼基　等	48. 00
MT010	《定价》(Pricing)	门罗	65. 00
MT011	《精通战略》(Mastering Strategy)	雷格斯比　等	39. 80
MT012	《战略采购管理》(Harnessing Value in the Supply Chain)	班菲尔德	39. 80

书系代码	书　　名	作　者	定 价
MT013	《逆向管理》(Don't Oil the Squeaky Wheel)	Rinke	39.80
MT014	《跨国管理》(Transnational Management)	Bartlett 等	79.80
MT015	《运营管理》(Matching Supply with Demand)	Cachon 等	50.00
MT016	《供应链与价值网创新企业案例》	任建标	35.00
营销管理			
MM001	《定位》(Positioning)	Ries & Trout	39.80
MM002	《营销战》(修订版)(Marketing Warfare)	Ries & Trout	39.80
MM003	《营销革命》(Bottom-up Marketing)	Ries & Trout	39.80
MM004	《新定位》(The New Positioning)	Trout	39.80
MM005	《颠覆广告》(Disruption)	让—马贺·杜瑞	40.00
MM006	《创意的竞赛》(Which Ad Pulled Best?)	Purvis	39.80
MM007	《广告文案名人堂》(The Art of Writing Advertising)	Higgins	29.80
MM008	《产品经理的第一本书》(The Product Manager's Handbook)	Gorchels	39.80
MM009	《全球整合营销传播》(Communicating Globally)	舒尔茨	39.80
MM010	《整合营销传播:利用广告和促销建树品牌》(IMC: Using Advertising and Promotion to Build Brands)	Duncan	298.00
MM011	《市场战略》(The Market Makers)	Spulber	48.00
MM012	《全球营销》(Global Marketing)	乔尼·约翰逊	60.00
MM013	《网络营销》(Internet Marketing)	默罕默德　等	65.00
MM014	《产品经理的第二本书》(The Product Manager's Field Guide)	Linda Gorchels	39.80
MM015	《营销学基础》(Essentials of Marketing)	佩罗特,麦卡锡	60.00
MM016	《文案发烧》("Hey, Whipple, Squeeze This.":A Guide to Creating Great Ads)	苏立文	39.80
MM017	《小鱼吃大鱼》(Eating the Big Fish)	摩根	45.00
MM018	《什么是战略》(Trout On Strategy)	特劳特	29.80
MM019	《整合营销传播:创造企业价值的五大关键步骤》(IMC: the Next Generation)	唐·舒尔茨　等	39.80
MM020	《促销管理的第一本书》	Schultz	39.80
MM021	《广告箴言》(And Now a Few Words From Me)	加菲尔德	29.80
MM022	《营销计划手册》(The Successful Marketing Plan)	赫宾 等	68.00
MM023	《渠道管理的第一本书》(The Manager's Guide to Distribution Channels)	哥乔斯 等	35.00
MM024	《项目管理的第一本书》(The McGraw-Hill 36 – Hour Project Management)	库克,塔特	
MM025	《细读杰克·韦尔奇》	Krame,Slater	39.80
MM026	《品牌资产管理》(Brand Asset Management)	戴维斯	39.80
MM027	《互愿营销》(Opt-In Marketing)	罗曼 等	39.80
MM028	《小技巧　大销售》(401 Killer Marketing Tactics)	费尔藤斯坦	39.80

书系代码	书　　名	作　　者	定 价
MM029	《作业成本管理的第一本书》(Common Cents)	特尼	39.80
MM030	《产品经理手册》(The Product Manager's Handbook)	哥乔斯	55.00
MM031	《商战》(20周年纪念版)(Marketing Warfare)	Ries & Trout	68.00
MM032	《博客营销》(Blog Marketing)	Jeremy Wright	39.80
MM033	《品牌驱动力》(Building the Brand-Driven Business)	戴维斯,邓恩	39.80
MM034	《定价的艺术》(The Art of Pricing)	Mohammed	29.80
销售管理			
SM001	《成功销售管理的7大秘诀》(7 Secrets to Successful Sales Management)	Wilner	39.80
SM002	《电话行销,轻松成交》	姚能笔	39.80
SM003	《摸透顾客心》(Ten Demandments)	Mooney Bergheim	39.80
SM004	《练就铁齿铜牙》(Secrets of Power Persuasion for Salespeople)	Dawson	39.80
SM005	《轻松收款》(Collections Made Easy)	卡罗尔	39.80
SM006	《打倒墨菲定律　挽救我的销售》(Beating the Deal Killers)	Giglio	39.80
SM007	《增加销售的12种核心技术》(Beyond E)	Diorio	39.80
SM008	《销售管理》(Sales Force Management)	Johnston 等	49.00
SM009	《汽车销售的第一本书》	孙路弘	39.80
SM010	《终极销售力》(Ultimate Selling Power)	莫伊,洛伊德	39.80
SM011	《顶尖销售的25堂课》(Secrets of Top Performing Salespeople)	乔诺　等	29.80
SM012	《引爆销售的10大黄金法则》	Desena	39.80
SM013	《再造销售奇迹》	Eades	39.80
SM014	《攻心式销售》	Bosworth	24.80
SM015	《百万销售师》	Gardner	24.50
SM016	《成交》	Victor	29.80
SM017	《直销经理的第一本书》(Making Millions in Direct Sales)	马拉汉 等	39.80
SM018	《直销37计》(The Ultimate Guide to Network Marketing)	乔·鲁比诺	39.80
职场发展			
CD001	《外企面试宝典》(More Best Answers to the 201 Most Frequently Asked Interview Questions)	DeLuca	25.00
CD002	《人才心理测评》(Psychological Testing at Work)	Hoffman	25.00
CD003	《演讲的艺术》(Strictly Speaking)	Buckley	29.80
CD004	《五大会计师行》	周年洋　等	24.80
CD005	《职业经理自修手册》(The Manager's Self-development Guide)	Pedler	35.00
CD006	《关键对话》(Crucial Conversations)	Patterson 等	29.80
CD007	《静思录》(Finding Your Strength in Difficult Times)	David Viscott	19.80

书系代码	书　　名	作　者	定 价
CD008	《商务英语书信写作精益求精篇》	康宁汉　等	29.80
CD009	《商务人士日常书信写作》(Great Personal Letters for Busy People)	布赫	48.00
CD010	《销售信函》(Sales Letters Ready to Go)	贝塞尔　等	32.00
CD011	《商务信函》(Business Letters Ready to Go)	Bayse	39.80
CD012	《我爱笨老板》(How to Work for an Idiot)	胡佛	29.80
CD013	《实用英语动词短语》(Basic Phrasal Verbs)	斯皮尔斯	35.00
CD014	《赛马》(Horse Sense)	里斯,特劳特	29.80
CD015	《报刊装帧设计手册》(The Newspaper Designer's Handbook)	哈洛维	128.00
CD016	《君子善言》(Speak Like a CEO)	贝茨	32.00
CD017	《脱颖而出》(Shine)	汤普森	29.80
CD018	《量子飞跃》	谢尔顿,刘芊	29.80
CD019	《纳米说服力》	姚能笔	29.80
投资理财			
IF001	《赢得"输家的游戏"》(Winning the Loser's Game)	Ellis	29.80
IF002	《向格雷厄姆学思考,向巴菲特学投资》(How to Think Like Benjamin Graham and Invest Like Warren Buffett)	Cunningham	39.80
IF003	《巴菲特怎样选择成长股》(How to Pick Stocks Like Warren Buffett)	Vick	29.80
IF004	《最后的合伙人》(The Last Partnership)	Geisst	29.80
IF005	《财务报表分析与证券定价》(Financial Statement Analysis and Security Valuation)	Penman	98.00
IF006	《技术分析》(Technical Analysis Explained)	Pring	80.00
IF007	《技术分析 A–Z》(Technical Analysis from A to Z)	Achelis	55.00
IF008	《股票价值评估》(Valuing a Stock)	Gray　等	39.80
IF009	《蜡烛图精解(第3版)》(Candlestick Charting Explained)	Morris	60.00
IF010	《技术分析习题集》(Study Guide for Technical Analysis Explained)	Pring	25.00
IF011	《股票市场的时机选择》(Timing the Stock Market)	亚历山大	48.00
IF012	《最佳卖出点》(It's when You Sell that Counts)	卡西迪	39.80
IF013	《股市名言》(Buy the Rumor, Sell the Fact)	麦洛	29.80
IF014	《向格雷厄姆学思考,向巴菲特学投资》(修订版)	Cunningham	39.80
IF015	《华尔街投资银行史》	Geisst	49.80
IF016	《信用风险:度量与管理》	瑟维吉尼	65.00
IF017	《财务报表分析与证券定价》(第二版)(Financial Statement Analysis and Security Valuation)	Penman	98.00
IF018	《信用评分模型技术与应用》	陈建	60.00
IF019	《现代信用卡管理》	陈建	80.00
IF020	《标准普尔教你做好个人理财》(The Standard & Poor's Guide to Personal Finance)	道尼	25.00

书系代码	书　　名	作　者	定 价
IF021	《标准普尔教你做好第一笔投资》(The Standard & Poor's Guide for the New Investor)	马蒂夫	25.00
IF022	《标准普尔教你做好长期投资》(The Standard & Poor's Guide to Long-Term Investing)	提格	20.00
IF023	《股市法则》(Stock Market Rules)	沙伊莫	29.80
IF024	《股指期货100问》	中国国际期货武汉研究中心	25.00
IF025	《巴菲特选股魔法》	洪瑞泰	25.00

（具体数据以出书为准）

图书订购单

（可复印使用）

第一步：请您填写以下资料：

公司名称：　　　　　　　　　　　　　　　　　收书人：
发货（邮寄）地址：　　　　　　　　　　　　　邮编：
联系电话：　　　　　　　　　　　　　　　　　E-mail：

第二步：请您填写您所选购的图书及册数资料：

图书名称（请注明版次）	数　量	单价（RMB）	合计（RMB）
合　　计			

第三步：请您到邮局将款项汇至以下地址：

收 款 人：中国财政经济出版社邮购部
地　　址：北京市海淀区阜成路甲 28 号新知大厦
邮　　编：100036
电　　话：010 -88190406　88190488
传　　真：010 -88190414
邮购费用：书价加 15%的邮费

第四步：请确认您是否需要增值税票，如果需要请在传真中注明您的增值税信息：

□ 开具增值税发票　　　　　　　□ 开具普通发票

第五步：如果您想了解其他详细情况，请垂询销售热线或发电子邮件：

TEL：010 -8819 1017　　　　　　E-mail：webmaster@ewinbook. com

第六步：请您在以下空白处签字确认：

客户：
日期：